U0121209

商务印书馆（上海）有限公司 出品
The Commercial Press (Shanghai) Co. Ltd.

吉登斯文集

郭忠华 主编

逃逸的世界

全球化如何重塑我们的生活

〔英〕安东尼·吉登斯 著

郭忠华 译

商务印书馆
The Commercial Press

《吉登斯文集》总序

出版《吉登斯文集》是我多年来的愿望。2007年在中山大学组织召开"吉登斯与现代社会理论学术研讨会"期间，我便萌生了编辑出版《吉登斯文集》的想法，并与当时前来参会的吉登斯爵士进行过协商，初步选定了文集书目。此后，曾与国内数家出版社进行过洽谈，但终因吉登斯著作的中文版权过于分散和版权让渡困难而难以实质性地推进。2009年留学英国期间，我再次与吉登斯商谈此事，并希望通过获得国外免费授权方式一次性解决版权问题。我的想法一定程度上得到吉登斯的支持，鉴于其著作主要由政体出版社（Polity Press）出版，他将该社的版权经理介绍给了我。数次接触之后，由于该社对于免费版权让渡的做法并不热心，该事宜再次不了了之。几番挫折之后，这一想法曾一度搁置。2015年前后，随着与商务印书馆上海分馆王亚丽女士之间的业务往来不断增多，我向其提出编译《吉登斯文集》的想法，并得到了她的热情支持。在经过出版论证之后，项目很快付诸实施，且短时间内便购得了数本版权，这大大增强了我对项目的信心和决心。

编译《吉登斯文集》主要基于以下几方面考虑：第一，吉登斯所具有的重要影响。吉登斯是当代最著名的思想家之一。从20世纪 70 年代初至今，他的学术研究生涯已逾五十年。五十年来，其出版著作近五十部，其中诸多不乏世界性影响，如《资本主义与现代社会理论》《现代性的后果》《第三条道路》，等等。吉登斯提出的诸多理论同样影响广泛，如结构化理论、民族国家理论、现代性理论、第三条道路理论等。将吉登斯的主要著作系统地翻译出版，有助于中文学术界理解其思想全貌。第二，国内学术界的研究兴趣。从 20 世纪末至今，国内学术界对于吉登斯思想的兴趣一直居高不下。迄今为止，据中国知网的不完全收录，直接以吉登斯为主题的博士论文有近十篇、硕士论文近八十篇，一般学术论文则有一千余篇。这充分表明，吉登斯研究在国内已成为一个重要的学术主题，形成了一个庞大的学术群体。出版《吉登斯文集》有助于进一步提高研究质量和促进学术交流。第三，国内吉登斯著作的翻译现状。从 20 世纪 90 年代末至今，国内出版社对于吉登斯著作的出版兴趣持续增长。可以说，除少数几本著作外，其大部分著作已经得到翻译，《社会的构成》等著作甚至出版过多个版本。但不可否认，这些著作分散在二十余家出版社，翻译质量参差不齐，同一个词汇甚至被翻译成迥然不同的译名。这些现象严重影响了读者对作品的理解，《吉登斯文集》的出版，有助于从总体上提高翻译质量。

《吉登斯文集》的翻译和出版将是一个长期工程，我期待广大学术同仁的呵护与支持，也祈愿它成为学术出版的精品。

郭忠华

2021 年 3 月

目　录

第二版前言

本书以三年前（1999 年）我给 BBC 所做的演讲编辑而成。这本书的主题——全球化对我们生活的改造性影响（transformative impact）——远比当初得到了更广泛的讨论。"全球化"概念本身也已变得更加全球化了，很少有哪个准技术性词汇（quasi-technical）能够达到如此广泛的影响。

当 1998 年末我写作这些讲座的讲稿时，反全球化运动几乎很少发生。自那以后，数以千计的反全球化抗议占领了从西雅图、布宜诺斯艾利斯、哥德堡到热那亚等的街头。而且，三年前从未有人预料过发生于 2001 年的"9·11 事件"。

所有这些发展情景都要求做出分析，但我首先要表明的是，即使在新的发展情景下本书的内容也几乎无须做出修改。对于 2011 年发生的"9·11 事件"，本书各个章节都与它及之后发生的事件相关。本书开篇所论述的全球化的强化为恐怖袭击及其可能采用的方法提供了场景。恐怖分子袭击的目标是作为全球首要力量的美国。他们使用喷气式飞机作为毁灭性武器。他们策划这些事件的时候心理已有全球媒体观众。为了保证具有戏剧性的电视报道，第二架飞机是在第一架袭击之后的大约半个小时才撞向世贸中心的南塔的。据估计，全球大约有 10 亿观众实时观看了第二架飞机对南塔的撞击。

第二章有关风险的关注证明了这一点。2001 年"9·11 事件"警醒我们风险的存在——以前，包括许多国家领导人在内的大多数人对此都满怀乐观。无论基地组织发生何种变化，对于世贸中心的毁灭和五角大楼的破坏都将不是其在跨国层面所组织的唯一大型恐怖活动。我们对于形形色色的脆弱性已经形成新的意识：恐怖分子可以以比如核电站作为目标、可以对水源供应下毒或者传播致命性病毒。

其他三章的主题——传统、家庭和民主可能看起来更加无关，但实际并非如此。基地组织是一种原教旨主义运动。我试图努力表明的是，传统与原教旨主义之间有着紧密而不可分割的联系。原教旨主义的理念绝不只是局限于伊斯兰世界，或者局限于范围更加广泛的宗教世界。原教旨主义的组织和斗争可以出现在任何传统信仰和实践已经受到损害的领域。原教旨主义——宗教的、民族主义的或者种族主义的——总是与暴力如影随形，因为它扮演了容忍的对立面。对于原教旨主义者来说，只存在一种正确和适当的生活方式，任何其他人最好离这种生活方式远一点。

对于家庭，尤其是女性角色变化的关注，反过来是一些主要原教旨主义形式的核心关注主题，对于宗教原教旨主义尤其如此。宗教原教旨主义者想要击退现代性，其中最明显的一面是女性的解放。无论是美国的宗教权利还是伊斯兰运动，原教旨主义者都是传统家庭观念的最有力辩护者，他们对女性打破其传统社会、文化角色的尝试抱持敌意。当然，他们几乎也都是反民主的，对普遍权利的原则持敌意态度。

　　我在原文章中已经说过，今天的国家几乎不再拥有敌人，但却面临着风险（risk）和危险（danger）。"9·11 事件"是否使得这一判断变得不再适宜或者错误？我不这么认为。全球化的强化已经极大地改变了民族国家的性质以及彼此之间的联系，对于工业民族尤其如此。许多国家已经放弃侵略或征服其他国家的冲动，但好战的政权仍然存在于世界的各个角落。但对于工业化国家和发展中国家而言，最重要的危险源自政权的失败或者崩溃，以及随之而来的恐惧和仇恨。阿富汗即是明显的例子。挣扎于贫困边缘的国家，饱受殖民主义和冷战影响的国家，缺乏合法性的政府等，都是滋生仇恨和绝望的温床。正如基地组织的兴起所表明的那样，它们可以成为跨国恐怖网络的天堂，从而对民族的整合构成真实的威胁。

　　"9·11 事件"催生了一股推测的风潮。它们是否成为当今世界历史的分水岭？是否将如当前众口一词说的"世界将不再如昨"？思考这些问题的最简单方法是去考察 2001 年 9 月 10 日的世界。如果当初美国的那场恐怖袭击失败了或者压根就没有发生，当今的世界看起来会有多大的不同？

　　很显然，由于当时事件的不可预测性和不可能本质，"9·11事件"更没有成为许多评论者所认为的历史的分水岭。1989 年柏林墙的开放比对纽约和华盛顿的攻击更成为当代历史的标志性事件——的确，从某些方面而言构成了后者的背景。基地组织赖以形成的伊斯兰军事集团在冷战后期得到了美国的积极支持，以作为将苏联驱逐出阿富汗的一种手段。随着冷战的结束，不论是西方还是俄罗斯都变得对阿富汗兴味索然，使这个国家陷入其所帮助创造出来的混乱之中。类似的情况发生在世界的许多其他地方，包括亚洲、非洲、中美洲和南美洲的一些地区。当今世界的很多失败政权都位于冷战期间两个超级大国的代理人打仗的地区。

　　"9·11事件"没有如多数人认为的那样改变了世界，但对事件的最初反应却并不是过于夸张。在此之前的三个世纪里，从来没有哪个西方国家的中心地带被一个非西方武装所攻击。唯一的特例是日本对珍珠港的轰炸，发生在一个相对孤立的前沿哨区。各种恐怖组织正稳步建立起跨国网络。比如爱尔兰共和军与很多叛乱组织都存在联系，还受到了来自美国以及利比亚、古巴、伊朗等其他一些国家的支持。但之前大部分恐怖行动所导致的死伤人数一般都较少。比如，在过去30多年的时间里，北爱尔兰的恐怖主义暴力事件导致不足1500人死亡。"9·11事件"不仅导致大约4000人死亡，它们还瞄准了美国权力的神经中枢，可能除真正被袭击的那些建筑外，还包括白宫，导致美国6400亿美元的经济损失。

　　美国及其盟友在阿富汗所发动的战争可能严重打击了基地组织，但这个组织的许多网络仍保持完好。不论基地组织是否会再次发动袭击，其所树立的榜样在未来很可能被其他组织用作典范。它现在或曾经在美国、主要欧洲国家、中东以及亚洲存在成员机构。"9·11事件"所体现出来的精密性、计划性和合作性通常只见之于国家层面而非异见组织。在全球化时代出现之前是不可能想象会发生类似事件的，它们的确反映了我们新形成的互相依赖性。与世界范围的洗钱网络组织、贩毒组织以及其他形式的有组织犯罪一样，全球恐怖主义的兴起是全球化面相中的阴暗面。

　　2001 年发生的"9·11 事件"的确标示了当今世界秩序中冲 xvii
突和暴力模式的重大发展，其所带来的全部后果我们目前仍只能
猜测。它们已经形成了某些具有重大意义的政治地理转移。比如，
面对共同的威胁，美国和俄罗斯的领导人已经更加紧密地走在了
一起，后者对美国建立反导系统的立场已有所软化。

　　非常明显，世界范围的恐怖主义网络只有通过世界范围的合
作才能挫败，包括国家之间以及国家与各种机构之间的合作。信息
共享、情报收集方面的合作以及共同规划以减少战略方面的脆弱
性，将是可以预见的前行道路。然而，这些方面到目前为止似乎还
远未开始。美国布什政府上台以后，决定遵循比比尔·克林顿总统
时期更加单边主义的路线。布什总统拒绝签署关于气候变化的京都
协议、驳回了经济合作与发展组织（OECD）想要整治避税天堂的
尝试，而且否决了为应对化学武器而制定的公约。这些早期立场在
"9·11 事件"之后虽有所调整，但其立场的核心没有改变。布什
政府不认为需要国际刑事法院方面的法律，而且试图削弱而不是加 xviii
强国际法的力量。尽管美国的军事力量实际上已经比所有其他工业
化国家的总和还要强大，但其军费预算仍然在大幅上涨。美国军事
规划者的目标是清楚而明确的：美国要在地球上的任何地方，甚至
外太空有能力打赢任何一场其可能卷入的战争。

　　布什总统把 2001 年"9·11 事件"及之后的事件描述为"一
种新型战争"。但较之于全球化时代所带来的挑战，他所做出的回
应却显得更加适合于传统形式的战争和国家安全问题。安全不再完
全甚至主要是国家层面的问题，哪怕这个国家是世界上最强大的国

家。军事准备尽管十分重要，但即使是最精良的武器装备也可能被攻破，对于目标和方法不再是为了占领领土的恐怖组织而言，武器装备甚至可能变得关系甚微。"全球性游击队"在军事上是很难被打败的，就如地方性游击队已表明很难被打败一样。游击战争几乎总是只有通过政治手段才能得到解决——例如妥协、谈判和解决触发暴乱的问题。同样的方法也适用于全球层面的游击战。

xix　　对世贸中心和五角大楼的攻击并没有受到来自全世界的谴责，很多厌恨美国和整个西方世界的人将它们视作反对压迫者的一场正义打击。反美主义是一种很常见的情绪，不仅存在于阿拉伯和伊斯兰国家或共同体，而且存在于很多其他民族。部分对于美国和西方的仇恨建立在地区性和宗教性的敌对情感上，特别是在中东地区。对于以色列及其主要支持者美国的仇恨已成为大多数阿拉伯国家政治生活和政治文化的主要驱动力，并催生了伊拉克、叙利亚残暴政权的兴起。即时通信时代的兴起成为世界范围内宗教激进主义出现的一个关键要素。"反对恐怖主义的战争"不可能得到彻底解决，除非出现了某种一致性努力——一种需要联合国和更广泛国际社会参与的努力——使巴以问题得到解决。

反美和反西方情绪在部分非伊斯兰或者不存在中东冲突问题的社会里同样普遍，特别是在世界上一些比较贫穷的地区。在那里，西方的政策被视为贫困和不发达的根源。这些信念通常具有事实的基础。比如，一些非洲国家的悲惨状况反映了西方殖民主义和晚近西方参与其中的冷战所带来的长期影响。这些在今天经常被概括为全球化本身。全球化在发展中国家被广泛看作西方剥削第三世界的最新阶段——一个富裕国家以贫穷国家为代价而获利的阶段。

这种观点不只是局限在那些生活在贫穷国家的人身上，它们也为许多反全球化运动的人所持有。自 1999 年 11 月 30 日在西雅图召开世贸组织会议以来，反全球化运动变得急剧增长。从那以后，许多城市爆发了由反全球化者所组织的抗议运动。在"9·11事件"之后的几个月里，反全球化运动似乎变得失去方向和碎片化了。美国在阿富汗实施行动的早期，部分参与反全球化运动的群体对于美国的入侵是否为不正义行动和可能在阿富汗导致人道主义灾难等问题上产生了分歧。但这个运动现在又重新组织起来了，开始再一次策划大规模的街头游行。

这些示威者希望得到什么？"反全球化"意味着什么？事实上，一系列明显不同的群体都参与了示威活动，它们有着不同的目标和抱负：一小部分人与无政府主义存在着千丝万缕的关系，一小部分人宣称他们不仅反对全球化而且"反对资本主义"，一小部分人准备用武力来实现他们的目标，但大部分人只是关注和平抗议。

xxi

存在着三个反复浮现的主题，这一点即使在持不同看法的人当中也同样如此。第一个是我在第一章中已经提到而这里又重提的反美主义和对于西方的偏见。在这种观点看来，全球化实质上促进了美国和其他西方国家的利益。全球化或多或少被等同为美国化，因此，麦当劳、星巴克或者售卖耐克商品的商店成为示威者喜爱攻击的目标。

第二个是大公司的角色问题。对于反全球化的人而言，这些公司的名称是有代表性的。参与反全球化运动的人指出，世界上最大公司的年营业额比一些国家 GDP 的总额还要高，这些公司夺取了某些本该属于拥有独立主权的民主国家的权力。它们可以在世界范围内寻找最廉价的原材料和劳动力，它们这么做践踏了贫穷国家的利益。

　　然而，对于许多反对全球化运动的人来说最重要的问题是世界的不平等。他们相信，贫富之间的不平等正在扩大，全球化则是这一问题的罪魁祸首。这里让我们再回到"9·11事件"，有说法认为，富裕的少数人与贫穷的多数人之间越来越大的差距所导致的仇恨和绝望感推动了这次袭击。

　　全球化是否真的符合美国和其他富裕国家的利益？这一主张的大部分显然是事实。美国在军事、经济和文化方面无疑是世界的支配性力量。世界上大部分大型公司都来自美国，世界上排名前50的公司都在一个或其他工业化国家设有总部。大部分网络用户都来自富裕国家。富裕国家支配了世界上最有影响力的一些机构，比如八国集团、世界银行和国际货币基金组织，其他人甚至认为还包括联合国。在谁掌握和不掌握权力杠杆方面，国际社会显得极其不平等。

　　但今天的全球化并不仅仅是过去的重复，全球化并不等同于美国化或者西方化。美国——或者更一般地说，西方——对于世界其他国家的主导主要以三个层面作为基础，那就是经济、地缘政治和文化。美国是世界上最大的经济体，不管你喜欢与否，它也是全球经济的主要动力。因此，美国经济的兴衰随时对世界上其他经济体的进步形成实质性影响。但无论是美国还是作为整体的工业化国家都无法控制全球经济，全球化对于任何一个国家或国家集团而言都显得过于复杂和全面，难以使之屈从于自己的意愿。

在地缘政治上，美国现在是世界上唯一的超级大国，但是其总体影响力比冷战时期已经小了许多。美国在那个时期可以干预世界上的大多数地方，建立一系列超大联盟以遏制共产主义的传播，但其今天的全球影响已变得更加分散。尽管布什总统奉行明显的单边主义，但如果没有与其他国家联合，美国能做的事情将少之又少。当今世界在地缘政治上已变得更加多元中心。欧盟的军事实力尽管比不上美国，但在世界事务上越来越成为独立的角色，俄罗斯仍保留了作为一个主要大国的潜力，日本、韩国和中国继续发挥着它们的地缘政治影响力，印度在世界事务上一定会发挥更大的影响力。这些变化已经影响了世界共同体的构成，相比于过去，越来越多的非西方国家直接参与其中——一种需要继续促进的趋势。

在全球机构和协定的改革过程中美国的参与当然非常重要，但如果这种参与尚未到来，世界其他国家仍然可以推动这一进程。尽管美国拒绝签署，《京都议定书》还是得到了53个国家的支持。到2002年4月，有66个国家正式批准设立国际刑事法院的条约。在1998年联合国召开的罗马会议上，有139个国家首次同意设立国际刑事法院——美国反对这一提议。*尽管美国依旧对这一提议持敌意态度，但这个法院仍将存在，并将成为对那些被指

xxiv

---

  * 1998年7月17日，联合国外交全权代表会议通过《罗马规约》，规定建立国际刑事法院。《罗马规约》于2002年7月1日正式生效，国际刑事法院也于当天正式成立，总部设在荷兰海牙。根据规约的规定，该法院将主要审理2002年7月1日以后发生的种族灭绝罪、战争罪和反人类罪等严重的国际犯罪案件。美国不是国际刑事法院的成员国。——译者注

控犯有种族灭绝或大规模屠杀罪行的政治领导人进行审判的场所。

西方文化——更为准确地说是美国文化——的影响力随处可见，比如电影、电视、流行音乐及其他领域。文化标准化是这一过程的内在组成部分。然而，这些都只是相对肤浅的表象：全球化带来的更为深刻的影响是更加丰富的地方文化多样性而非同质性。美国是由不同种族和文化群体所组成的复合体，本身就是独体文化的对立面。正如文中所讨论的，全球化由于其"下推"效应而倾向于促进地方文化的复兴，它们尽管有时反映了更广泛的世界模式，但经常是有意识地背离于这些模式。

对于大公司所扮演的角色我们也需要有类似洞微烛幽的观点。那些对大公司权力扩张持批判态度的人提出了一个重要的观点，那就是无论在工业化国家还是发展中国家，大公司都对国家的民主合法性构成威胁，因为它们可以购买选票或者支配政党的资金来源。一些大公司在世界各地的交易中不负责任地行事。比如，它们通过操纵经营状况来减少在母国的税收支付，或者直接完全避税，它们对于其政策或产品所带来的社会和环境后果漠不关心。

然而，大公司所拥有的权力很容易被夸大，特别是被那些声称跨国公司可以"操纵整个世界"的人所夸大。国家，尤其是那些联合行动的国家拥有比大公司强大得多的权力，并且在不可预见的未来仍将如此：国家拥有领土控制权而大公司没有，国家可以建立法律框架而大公司不能，国家可以拥有军事暴力而大公司不可以。大公司将随着全球化的推进而越来越难以不负责任地行事，而不是肆意妄为。主要原因之一是非政府组织的兴起，它们在世界上任何地方都有监督公司所作所为的能力，也可以对它们实施制裁。比如，绿色和平组织（Green Peace）和乐施会（Oxfam）之类的组织本身就是全球性的，它们可以将大公司的不正当行为公之于众并动员人们反对这些公司从而对大公司的行为形成重要影响。从某些方面而言，一个公司的规模越大，它可能 xxvi 变得越脆弱。正常情况下，大公司都极其依赖于其品牌以便在全世界销售其产品。如果一个公司错误估算了公众在某一给定议题上的力量，其品牌形象以及由此而来的经济成功都可能遭到严重破坏。比如，孟山都（Monsanto）公司试图促进转基因食品在欧洲的销售，但环保组织和消费者组织的反对力量最终迫使该公司放弃该计划，并实质性地削弱了其经济地位。

那些参与反全球化运动的人强调，当今世界存在着令人无法接受的贫富差距，这一点当然是对的。这些运动对于推动该议题提上国际社会的议程扮演了重要的角色，并且确保了富裕国家的领导人能听到他们的声音。但是，大多数反全球化运动所声称的全球经济不平等加剧了，这一点是否果真如此？若果真如此，它是否强化了全球化所带来的后果？

关于经济不平等是否加剧的问题在学术界存在着激烈的争论。许多国家的数据并不完全可信，其趋势也不总是能够得到准确的推断。国家之间的对比经常建立在误导的基础上。比如，这些比较有时建立在不同国家的 GDP 的基础上，但却没有考虑物价、生 xxvii 活成本差异等更准确的测量因素。

我们无法确认世界经济不平等是在增长还是在下降。部分学者认为是在增长，但包括我在内的许多其他学者则持相反的观点。后者认为，国家和地区之间的经济不平等在 1860—1960 年间可以确定是在增长，因为西方国家和日本在这段时间里由于工业化的影响而取得了巨大的经济进步，但世界其他地方却没有取得这种进步。但自那以后，不平等要么是稳定了，要么是下降了。

然而，诸如此类的总体概括并没有多大的意义，因为当我们考察世界经济趋势时可以发现，世界上不同的地区存在着巨大的差异。在过去 40 年里，一些较不发达的国家——特别是在亚洲——都经历了重要的工业化进程，它们在这段时间比大多数西方国家拥有更高的经济增长率，从定义而言，这些国家与西方国家的总体不平等水平是下降了。但其他地区的情况则远没有得到如此大的改善。比如，较之于更加工业化的国家，拉丁美洲的进步总体上显得有限，非洲则是一个最为苦难深重的大陆。部分非洲国家的生活标准不仅在相对意义上下降了，而且在绝对意义上也下降了。

xxviii　　当反全球化者把不平等归咎于全球化时，其心中的全球化是一个比我在这本书中所认为的更加狭义的全球化，他们把全球化定义为市场竞争和自由贸易的增长。然而，即使使用这样一个狭义的概念，证据也显示这些因素有利于经济增长和总体上趋向于减少不平等，而非加剧不平等。非洲国家所经历的问题不是由于全球化的影响，相反，而是因为它们在全球化过程中被遗漏（left out）了。我们在贫穷国家所做的全面调查显示，在过去 20 年里，那些向外部市场开放其经济的国家的平均增长率是 5%，而那些仍然保持封闭的贫穷经济体的平均增长率则为 0。

不平等在一些具有更高经济增长率的国家的确上升了，但大部分是因为这些国家在经济增长之前存在的是"贫穷的平等"。比

如，不平等在中国上升了，但这种不平等的上升是因为中国原先
是一个极端平等和极端贫穷的国家。在过去三四十年里，数以
亿计的中国人脱离了贫困，这是迄今为止规模最大的生活标准提
升。中国农村贫困人口的数量从 1978 年的 2.5 亿下降到 1999 年
的 3400 万。当然，不是所有取得经济显著增长的国家都经历了国　xxix
内不平等的提升。比如越南取得了高经济增长率，但却没有出现
平等问题的恶化。越南的绝对贫困水平在 1990—2000 年间下降了
50%，98% 的极端贫困家庭在 20 世纪 90 年代得到了改善。

在阐明这些观点的时候，我没有认为反全球化者的担忧毫无
根据的意思。相反，它们是真实而合理的。然而，即使从全球化
进程中撤出存在可能，也无法使问题得到解决，我们应该继续促
进全球化进程而不是加以阻止。但是，全球化需要比过去几十年
得到更加有效和公正的管理，而且要转变经济发展的意识形态议
程。正如我在文中所强调的，那些取得了经济成功的最贫困国家
所做的不只是贸易政策的自由化，那种认为经济发展可以单纯靠
市场竞争的刺激的观点是错误的，甚至是危险的。一个只是在经
济上实行自由贸易而没有进行社会和经济改革的国家，更可能导
致的是经济衰退而非增长。国家引导之手不可或缺，它可以推动
教育发展、妇女解放、银行改革和营造稳定的投资环境等制度性
变革，正如现在的博茨瓦纳、莫桑比克所取得的巨大进步所表明　xxx
的那样，这些目标绝对不是贫穷国家所无法实现的。

许多处于世界经济边缘的国家会请求富裕国家的帮助，不仅
包括用于投资的货币援助，而且包括技术协助，甚至包括能够引
导制度变革的各种知识和专业技能。联合国宣布了其在 2015 年之

前实现世界贫困水平减半的目标。这需要一些努力，但鉴于国际社会中部分富裕国家的善意和贫困国家的积极变革，这一目标将最终可以实现。

安东尼·吉登斯

2002 年 5 月

第一版前言

这本书始于 1999 年我在 BBC 所做的莱斯（Reith）系列讲座，它们在 BBC 4 台和世界服务节目中播出。能够成为 20 世纪莱斯系列讲座的最后一位讲者我深感荣幸。考虑到这一特殊时机，探讨世纪末的世界状态等一系列具有宏大抱负的主题对我来说是适宜的。我希望这些讲座能够引起争论，事实证明的确如此。它们受到了来自全世界报纸和杂志的猛烈抨击。但更为幸运的是，它们也吸引了为数众多的支持者。

我把这些讲座和本书命名为《逃逸的世界》（*Runaway World*），因为这一标题表达了生活在这个急剧变化时代的许多人的复杂感情。但我不是首个使用"逃逸的世界"术语的人，甚至也不是首个在莱斯系列讲座中使用该术语的人。莱斯系列讲座是著名人类学家埃德蒙·利奇（Edmund Leach）于 20 世纪初创建的。他在自己的头衔后面打了一个问号，我认为现在已不再需要这个问号了。

利奇在伦敦广播大厦深处的某个录音室录制其讲座，直到晚近每位演讲者大都如此。但从 1998 年开始，战争史学家约翰·基根（John Keegan）打破了这一惯例而在一些受邀听众面前进行演讲，每一次演讲之后接着的是问答环节。我的节目也持续了这一形式，但也标示了更大的创新，那就是这些演讲首次面向特定的国际听众：首次关于全球化的演讲和最后一次关于民主的演讲是在伦敦进行的，而关于风险、传统和家庭的演讲则分别是在香港、德里和华盛顿录制的。每一次演讲都激起了听众强烈的反响，我感谢参与的每一位听众。

我还要感谢围绕这些讲座而进行互联网讨论的每一位参与者。我们尝试做的是发起一场关于全球化的全球性电子对话，来自全球各个地方的很多人发来了他们的评论和批评，我希望他们原谅我不能单独回复其提出的观点和问题。

另一些人在录制讲座的过程中具有更加持续的参与，无论这些讲座在多大程度上取得了成功，我都对他们感激良多。我谨对以下人员致以特别谢意：BBC 4 台的调音师詹姆士·博伊尔（James Boyle）、BBC 总裁克里斯托弗·布兰德（Christopher Bland）爵士、制片人格怀内思·威廉（Gwyneth William），以及查理·西格勒（Charies Sigler）、斯密塔·帕特尔（Smita Patel）、格雷·维斯比（Gray Wisby）、马克·百福特（Mark Byford）、马克·史密斯（Mark Smith）、马里恩·格林伍德（Marion Greenwood）、珍妮·艾伯拉姆斯基（Jenny Abramsky）、苏·莱纳斯（Sue Lynas）、马克·达马泽尔（Mark Damazer）和希拉·库克（Sheila Cook）等 BBC 制作团队的工作人员；BBC 节目主持人也做了非常出色的工作，他们是梅尔文·布拉格（Melvyn Bragg）、马特·弗雷（Matt Frei）、马克·图里（Mark Tully）和布里吉特·肯达尔（Bridget Kendall）；安娜·福特

（Anna Ford）在很多方面提供了帮助；来自伦敦政治经济学院的安妮·德·塞拉（Anne de Sayrah）、丹尼斯·安妮特（Denise Annett）、梅里安·克拉克（Miriam Clarke）对讲稿做了非常出色的反复录入工作，此一工作还包括阿曼达·古德尔（Amanda Goodall）、艾里森·奇弗（Alison Cheevers）、克里斯·富勒（Chris Fuller）、菲奥纳·霍奇森（Fiona Hodgsons）、鲍里斯·霍尔泽（Boris Holzer）和雷吉·辛普森（Reggie Simpson）。我对阿丽娜·莱德妮娃（Alena Ledeneva）的建议和支持也表示特别感谢。戴维·赫尔德（David Held）阅读了几个不同版本的讲稿并提出了精辟的评论。

安东尼·吉登斯

1999 年 6 月

导　言

"这个世界正匆匆走向它的尽头。"1014年沃尔夫斯坦（Wulfstan）大主教在约克郡布道时说道。很容易想象生活在今天的人们所表达的相同的情感。是否每一个时代的希望和焦虑都仅仅是以往时代的摹本（carbon copy）？今天我们生活于其中的20世纪末的世界是否与以往世界真的存在不同？

的确存在不同！我们有充分和客观的理由相信我们正在经历一个历史变迁的重要时期，而且变迁带给我们的影响不是局限于世界的某一个特定区域，而是扩展到世界的几乎每一个角落。

我们时代的发展得益于起源于17和18世纪欧洲的科学、技术和理性思维的影响。启蒙运动形塑了西方工业文化，而启蒙运动又得益于那些反对宗教教条的影响、希望以更加理性的方法来处理实践生活的思想家著作的推动。

启蒙哲学家抱持一种简单但却明显坚强有力的观念。他们认为，我们越能够理性地理解这个世界和我们自己，就越能够按照我们自己的目的来塑造历史。为了能够控制未来，我们必须使自己从过去的习俗和偏见中解放出来。

卡尔·马克思的思想很大程度上受惠于启蒙思想，并非常简单地阐述了上述信念。他提出，为了能够创造历史，我们就必须理解历史。在这一观念的指导下，马克思和马克思主义在 20 世纪产生了巨大的影响。

按照这一观点，这个世界将随着科学与技术的进一步发展而变得更加稳定和更加有序。许多反对马克思的思想家甚至也接受了这一信念。例如，小说家乔治·奥威尔（George Orwell）预测了一个具有过度稳定性和可预见性的社会，在这一社会中，我们每个人都将成为一个庞大社会和经济机器中的小齿轮。许多其他社会思想家也做了如此预测，比如德国著名社会学家马克斯·韦伯（Max Weber）。

然而，我们今天所处的世界看起来或感觉起来并不像他们所预测的那样。它与其说越来越被置于我们的控制之下，还不如说不再受我们的控制——一个逃逸的世界。更有甚者，一些本该是使我们的生活变得更加确定和可预测的东西，比如科学和技术的进步，却往往产生完全相反的结果。例如，全球气候变化及其带来的风险可能是由于我们对环境的干预所造成的，它们并非自然现象。科学和技术将不可避免地参与到我们抵制这种风险的努力中去，但它们也是这些风险的始作俑者。

我们面对的风险环境在历史上没有人面对过——全球变暖只是其中之一。无论我们生活在世界的哪一个地方，无论我们是否拥有特权抑或一无所有，许多新风险和不确定性都将对我们产生影响。它们与全球化紧密关联在一起，其所带来的一系列变化总体上构成了本书的主题。科学和技术本身已变得全球化了。据统计，当今世界的科学家人数比以往整个科学史上所有科学家人数的总和还要多。但全球化也存在着一系列其他维度，它带来了其他形式的风险和不确定性，尤其是全球电子经济中的风险和不确定性是在非常晚近才发展出来的。风险在科学中是一把双刃剑。风险与创新紧密关联，但风险并不总是能降低，积极拥抱金融和企业风险构成了全球化经济的首要推动力。

　　何谓全球化及其是否为新生事物，这些问题已成为激烈争论的焦点。我在第一章中讨论了这一问题，因为对其他许多问题的讨论都有赖于它。然而，事实实际上已变得非常清楚，全球化以一种非常深刻的方式重构了我们的生活。它起源于西方，带有强烈的美国政治、经济权力印记，其所带来的结果则高度不均衡。但是，全球化并不仅仅是西方对世界其他地方的主导，它也像影响其他国家那样影响了美国。

　　全球化也像影响世界性事件的发生那样影响了人们的日常生活。这就是为何本书也包括了对性、婚姻和家庭等问题的延展性讨论的原因。在世界的大部分地方，妇女正要求比过去拥有更高的自主性并大量加入劳动力队伍。这些方面的全球化至少与全球性市场的形成同样重要。它们在世界的大部分地区加剧了传统生活和文化方式的张力，传统家庭正经受威胁并发生改变，而且还将发生更加深远的变化。其他如与宗教相关的传统也正经历重大的变迁。原教旨主义正是起源于许多正在经历破坏的传统。

　　21世纪的战场将是原教旨主义的狭隘与世界主义的宽容之间的竞争。在这个日益全球化的世界，信息和图像通常被传遍全球，我们将与那些具有完全不同思维和生活方式的他人进行经常性接触。世界主义者欢迎并拥抱这种文化多样性，原教旨主义者则

4

5

认为这非常令人不安和危险。无论是在宗教、种族认同还是民族主义领域，它们都躲进复兴和纯洁化的传统（purified tradition）中，且经常诉诸暴力。

我们可以合理地期望世界主义将取得胜利。容忍文化多样性与民主紧密地联系在一起，民主则正在世界范围内支流四溢。全球化依赖于民主的扩张，但它同时又反讽性地暴露出惯常民主结构（即代议民主结构）存在的局限性。我们需要深化现有制度的民主化，并且要以满足全球时代要求的方式进行民主化。我们从来不能成为自身历史的主人，但我们能够且必须找到使这个逃逸的世界回归正轨的方法。

第一章　全球化

我的一位朋友在中非进行乡村生活研究。她几年前首次到访一个偏远地区，并在那里开展田野调查。到达的那天，她被邀请到一个当地家庭参加晚间娱乐活动。她很期待能发现这个闭塞社区的某些传统娱乐方式。然而，这个夜晚是观看电影《本能》（*Basic Instinct*）的录像。这部电影在当时的伦敦甚至尚未上映。

这一小插曲表明了我们世界的某些方面，它们所表露的东西并非微不足道。这不仅体现在录像机、电视、个人电脑等现代用品加入了他们的生活方式中，而且反映出我们生活在一个变革的世界中，这一世界几乎影响了我们行为的方方面面。无论是好是 坏，我们正在被推入一个尚未完全理解的全球秩序，它使我们所有人都切身感受到它的影响。

全球化可能不是一个特别迷人或者优雅的词汇，但任何在世纪末希望了解我们未来的人都无法忽视它的存在。我经常到国外讲学，在最近我所到访的国家中，没有哪一个不是在激烈地讨论全球化。法国人将其称作"mondialisation"，在西班牙和拉丁美洲，人们把它称作"globalización"，德国人则称之为"Globalisierung"。

这个术语的全球传播本身证明了其所指涉的发展。每一位商业智囊都会谈论到它，一个没有援引全球化术语的政治演讲则是不完整的。然而，即使是在 20 世纪 80 年代后期，这个术语在学术文献或日常语言中都很少被提及。它自无处来，现在却无处不在。

鉴于它的突然流行，我们大可不必对下列问题感到惊讶：全球化的含义不是清晰明了，或者知识界对于全球化的反对。全球化与我们生活在同一个世界的论点有关——但是，究竟是以何种方式生活在同一个世界的？这一观点又是否为真？在过去几年涌现的有关全球化的讨论中，不同思想家的观点几乎完全针锋相对。有些人全盘质疑全球化，我将他们称为怀疑论者。

8　　　在怀疑论者看来，所有与全球化有关的谈论只不过是一种谈资。无论是获益、试错抑或动荡，全球经济与此前相比并没有什么特别不同。这个世界运行在多年来一样的轨道上。

怀疑论者认为，大多数国家只能从对外贸易中获得少量收益，且大多数经济交易发生在区域之间而非真正的世界范围。例如，欧盟国家大多在其成员国之间进行交易，其他主要贸易集团也是如此，如亚太或者北美地区。

其他人则持明显不同的观点，我将其标识为激进论者。激进论者认为，全球化不但真实存在，而且其结果也可以随处感觉得到。全球市场比 20 世纪六七十年代更加发达，且不受国家边界的约束。国家已丧失了其曾经拥有的大部分主权，政治家已丧失了影响事件进程的大部分能力。毫不奇怪，很少有人对政治领导人表示尊重了，对他们所发表的讲话也不再感兴趣了。民族国家时代已经终结。正如日本商业作家大前研一（Kenichi Ohmae）所言，国家已经变成了一种"虚构"（fiction）。大前研一等作者看到了 1998 年亚洲金融危机所导致的经济困难，它们表明了全球化的现实——尽管是从破坏性的角度来观察的。

怀疑论者在政治上往往是左派，尤其是老左派。因为如果这一切本质上是虚构的，那么政府就依然能够掌控经济生活，福利国家也可以完好无损。在怀疑论者的眼中，全球化概念是自由市场人士想要瓦解福利制度和削减政府支出而提出的意识形态。已经发生的一切最多不过是一个世纪前的世界的回归。开放的全球经济在 19 世纪末期已经形成，包括货币交易在内的全球贸易体量巨大。

那么，谁又是这场争论中的右派呢？我认为是激进论者。今天的世界贸易与之前早已不可同日而语，它涉及更广范围的商品和服务，但最大的不同在于金融和资本流动水平。就像电子货币一样——仅以数字形式存在于计算机中的货币，如今的世界经济与早期毫无相似之处。

在新的全球电子经济中，基金经理、银行、公司以及成千上万的个人投资者只需轻点鼠标即可实现巨额资本的全球转移。在这样做的时候，他们可以动摇那些看起来坚若磐石的经济体——正如亚洲金融危机所发生的那样。

世界金融交易的体量通常以美元来衡量。100 万美元对大多数人而言可以说是巨款。由面值 100 美元的纸币摞成 100 万美元，其高度可达 8 英寸。10 亿美元（即 1000 个百万美元）的高度将比圣保罗大教堂还要高。1 万亿美元（即 100 万个百万美元）的高度将会是珠穆朗玛峰的 20 倍。

但是，每天都有远远超过 1 万亿美元的规模在全球货币市场中流转。相对于 20 世纪 80 年代末这是一个巨大的增长，更不用说与更加遥远的过去进行比较。无论是我们口袋里的钱还是银行账户里的钱，其价值都随着这个市场的波动而瞬息万变。

因此，我毫不犹豫地认为，我们正在经历的全球化不仅是一个新事物，在许多方面还是革命性的。对于怀疑论者或者激进论者，我不认为他们准确地理解了全球化及其对于我们的含义，双方都只是孤立地从经济的角度理解全球化现象。这是一个错误。全球化是政治的、技术的和文化的，同时也是经济的。通信系统的发展对全球化影响巨大，而这只需要追溯到 20 世纪 60 年代晚期。

在 19 世纪中叶，马萨诸塞州的人像画家塞缪尔·莫尔斯（Samuel Morse）通过电报发出了第一条讯息：上帝创造了什么（What hath God wrought）。此举开创了世界历史的新纪元。此前，如果没有人将信息携带到达某地，那么信息根本无法传递。卫星通信的到来标志着每一个小小的进步都是对过去的重大突破。1969 年第一颗商业卫星才被发射。如今地球上空有超过 200 颗携带海量信息的此类卫星。地球两端的即时通信有史以来首次成为可能。其他类型的电子通信越来越与卫星传输高度集成，在过去几年里也得到了突飞猛进的发展。跨越大西洋或者太平洋的专用电缆直到 20 世纪 50 年代晚期才出现。第一条电缆只能承载不到 100 条通信线路，如今却能承载超过 100 万条。

1999 年 2 月 1 日，大约在莫尔斯发明那套点线结合的电码系统的 150 年后，莫尔斯电码终于从世界舞台上消失了。它作为一种海上通信手段被终止了，取而代之的是卫星技术系统，任何遇难的船只通过它都能即刻得到精准的定位。此前大多数国家已为此次转型做好了准备。比如，1977 年法国在本国水域废止了莫尔斯电码，并以法国式的辞藻终止了信号发送："所有人注意，这是我们在永远沉寂之前的最后一声呐喊！"

即时电子通信不仅仅是信息更快传递的一种方式，它的存在还改变了我们——无论穷人还是富人——生活的基本质地。当我们感觉纳尔逊·曼德拉的图像比隔壁邻居的脸还更熟悉时，我们日常体验的性质已经悄然改变。

纳尔逊·曼德拉是全球著名人物，但名人本身很大程度上是新通信技术的产物。媒体技术的影响范围随每一次创新浪潮而扩大。美国电台的听众人数用了 40 年时间才达到 5000 万。个人电脑发明以后，仅仅 15 年其使用人数就达到了这个数字。因特网提供服务后，只用 4 年就有 5000 万美国人常规使用因特网。

全球化只与世界金融秩序等宏大体系相关，这种看法是错误的。全球化不是只存在于个体遥不可及的"彼处"，它也存在于"此处"，影响我们生活的亲密和私人一面。例如，很多国家正在进行的有关家庭价值的讨论看起来似乎与全球化的影响相去甚远，但实际上并非如此。传统家庭制度在世界许多地方正在发生变化或备受压力，尤其是由于女性要求更多的平等权利。从我们所知的历史记录来看，迄今为止还从未有过这样一个男女几乎平等的社会。这是一场真正的日常生活革命，从工作领域到政治领域，世界各地均能感受到它的影响。

13　　　因此，全球化是一系列复杂而非单一过程的集合，然而，这些过程有时以自相矛盾甚至背道而驰的方式运转。大多数人将全球化仅仅看作把地方社区和国家拽入全球舞台的"拉力"，这当然是全球化的结果之一。国家确实失去了曾经拥有的某些经济权力。但它也具有相反的效果。全球化不仅是向上的拉力，同时也是向下的推力，会对地方自主性造成压力。美国社会学家丹尼尔·贝尔（Daniel Bell）恰如其分地表达了这种观点：国家不但变得太小以至于不能解决大的问题，而且因为太大而不能解决小的问题。

　　　全球化是世界各地本土文化认同得以复兴的重要原因。例如，有人会问，在英国为什么苏格兰人想要更加独立，或者为什么存在着强大的魁北克分离主义运动，不能只从它们的历史文化中去寻找这些问题的答案。随着更加古老的民族国家的控制力被削弱，地方民族主义作为对全球化趋势的回应而不断涌现。

　　　全球化也横向发力。它在国家内部和国家之间创造新的经济文化区域，例如中国香港地区、意大利的北部或者加利福尼亚的硅谷。巴塞罗那地区也一样，西班牙北部的巴塞罗那周边地区已延伸至法国，巴塞罗那所在的加泰罗尼亚与欧盟紧密结合。它是西班牙的一部分，但看起来却是往外发展的。

14　　　这些变化由一系列因素所推动，有些是结构性的，另一些则是更加具体的和历史性的。经济影响当然是推动力，尤其是全球金融体系。然而，它们并不类似于自然力量，而是由技术、文化传播所塑造，还有政府决定放松经济管制决定的影响。

　　　苏联共产主义的崩溃加剧了事态的发展，因为再也没有哪个重量级国家集团可以与全球化对立。苏联解体并不是偶然发生的，全球化解释了苏联共产主义为何以及如何走向终结。苏联和东欧国家在经济增长率方面直到 20 世纪 70 年代初期都还可以与整个西方并驾齐驱。但它们此后迅速落后。苏联共产主义重视国有企业和重工业，导致其在全球电子经济中丧失竞争力。同时，共产主义政治权威赖以存续的意识形态和文化控制在全球媒体时代也难以为继。

苏联和东欧政权无法阻止西方电台和电视广播信号的接收。电视在 1989 年革命中发挥了直接作用，这可以恰当地被称作第一次"电视革命"。一个国家发生的街头抗议活动被其他国家的观众收看，其中很多人随后也走上了街头。

全球化当然不会绝对均衡地发展，而且其后果也并非完全良性（wholly benign）。对于欧洲和北美以外的许多人来说，西化并不使人感到舒服——既然美国现在是唯一的超级大国，在全球经济、文化和军事秩序中占据主导地位，西方化也可以说是美国化。许多最显眼的全球化文化符号都来自美国，如可口可乐、麦当劳、美国有线电视新闻网（CNN）等。

大多数巨型跨国公司也都立基于美国。这些公司并非都来自富裕国家，当然也不是来自更加贫穷的地区。一种悲观的观点认为，全球化很大程度上是工业化北部的事情，南部发展中国家的作用微乎其微或者根本没有参与。全球化被看作摧毁当地文化、扩大世界不平等和恶化贫困者命运的罪魁祸首。有人认为全球化创造了一个赢家和输家的世界，一些人搭上了走向繁荣的快车道，大多数则注定了苦难而绝望的一生。

的确，统计数字听起来骇人听闻。世界最贫穷的 1/5 人口在全球收入中的份额在 1989—1998 年间从 2.3% 下降到了 1.4%，而最富有的 1/5 人口的财富份额却上升了。在撒哈拉以南的非洲，20 个国家的人均实际收入与 20 世纪 70 年代相比变得更低了。在许多欠发达国家，安全和环境法规很少甚至完全没有。一些跨国公司在那里销售工业国家受控或禁止的商品，如劣质药品、毁灭性杀虫剂、焦油和尼古丁含量极高的香烟等。人们可能会说，这不是地球村，这更像是全球性掠夺。

与生态风险携手同行的是全球不平等的加剧，它已成为全世界面临的最严重问题。然而，这不能仅仅归咎于富人。我的基本观点是，今日的全球化只是一定程度的西方化。当然，西方国家和更加普遍意义上的工业国家对世界事务的影响力依然比贫穷国家要大得多。但全球化正变得日益去中心化——它不在任何国家集团的控制之下，亦非大型公司所能操纵。西方国家对于全球化的感知与世界其他地区一样强烈。

全球金融体系同样如此，影响政府性质的那些改变本身也是如此。所谓的"反殖民"正变得越来越普遍。反殖民意味着非西方国家正在影响西方世界的发展。这样的例子比比皆是，如洛杉矶的拉美化、印度全球化高科技部门的兴起，或者巴西的电视节目在葡萄牙热销。

全球化是提升普遍福祉的力量吗？鉴于现象的复杂性，这个问题不能简单加以回答。提出这一问题的人以及指责全球化加剧了世界不平等的人，脑子里想的不过是经济全球化和自由贸易。自由贸易如今显然并不意味着完全的好处，对欠发达国家而言尤其如此。这些国家或国家中的某一地区实行对外开放和发展自由贸易，可能会破坏当地赖以生存的自给经济。当一个地区变得依赖于在世界市场上销售其少数产品时，在价格变化和技术变革的影响下，它们将变得极其脆弱。

贸易与任何形式的经济发展一样总是需要一个制度框架。市场不能单纯地凭借经济手段而创造出来，一个经济体可以暴露于世界市场的程度取决于一系列标准。但反对经济全球化而选择经济保护主义，不论对富裕国家还是贫穷国家而言都是一种错误的策略。在某些国家的某些时刻，保护主义可能是必要的策略。例如，在我看来，1998 年马来西亚引入控制措施以遏制本国资本大量外流是正确的。但永久形式的保护主义将无助于贫穷国家的发展，在富裕国家之间则将演变为敌对的贸易集团。

我在开篇提到的关于全球化的争论主要关注的是全球化对民族国家的潜在影响。民族国家及其政治领导人是否依然坚强有力，抑或在很大程度上他们已与塑造世界的力量渐行渐远？民族国家事实上依然强大，政治领导人在世界舞台上依然举足轻重。但与此同时，民族国家就在我们眼前被重新塑造。国家的经济政策不再像以前那么有效。更为重要的是，各国现在不得不重新思考自己的身份，旧的地缘政治形式已经过时了。虽然这种观点极富争议，但我依然想说，大多数国家在冷战结束后已不再有敌人。谁是英国、法国或者巴西的敌人呢？科索沃战争没有使国家之间变得势不两立。这是旧式的领土国家主义与新型道德驱动的人道干预主义之间的冲突。

今天的国家面临着风险、危险而非敌人，它们本质上是一次巨大的转变。这种论断不只是适用于国家。我们目力所及的，是那些外部看来与之前并无二致的制度，它们虽然名称相同，但内部已面目全非。我们继续谈论着国家、家庭、工作、传统和自然，仿佛它们与过去并无不同。但事实却并非如此。外壳仍在，但内部已经发生变化——这不仅发生在美国、英国或法国，而且几乎发生在世界各地。我将其称作"空壳制度"（shell institutions）。这些制度已无法充分完成其被要求完成的任务。

我在本次讲座中所描述的这些变化正愈演愈烈，它们正在创造前所未有的事物——一个全球世界主义社会。我们是生活在这个社会的第一代人，但只能朦胧地看到其轮廓。无论身在何处，它都正在动摇我们现有的生活方式。这不是——至少目前不是——由集体人类意志所掌控的全球秩序。相反，它正以一种混乱无序的方式肆意蔓延，同时带来交相混杂的后果。

这个全球世界主义社会骚动不安、充满焦虑，而且还因为各种深刻的分歧而伤痕累累。我们中间很多人感到自己被无法掌控的力量所攫取。我们能够重新对其施加我们的意志吗？我相信可以。我们所经历的无能为力并非个人失败的标志，而是制度无能的反映。我们需要重建已有的制度，或者建立全新的制度。因为全球化对于我们今日的生活而言将难以避免。它正是我们生活情境的转变，它也是我们当下的生活方式。

第二章 风 险

1998 年 7 月可能是世界历史上最热的一个月，1998 年则整体上可能是历史上最热的一年。滚滚热浪席卷北半球的许多地区，所到之处灾祸肆虐。以色列埃拉特（Eilat）的气温甚至一度上升至 46 ℃，全国用水量上升了逾四成。在美国，得克萨斯州的气温也与之相差无几。在这一年的前八个月，每个月都创下了历史最热月份的记录。然而，热浪刚过去不久，部分被热浪肆虐地区的人们尚未回过神来，马上又经历了前所未见的大雪。

这样的温度异常变化是否可能是人类活动对世界气候的干扰所造成的结果，我们不敢断言。然而随着近年来记录的飓风、台风和风暴次数的增加，我们不能否认有这种可能。由于全球工业的发展，我们可能不仅干扰了世界气候，而且还对我们的地球栖息地造成了巨大的负面影响。对于未来可能发生的一系列变化和危险，我们仍处于懵懂之中。

当我们将"风险"这个概念与上述一系列问题联系起来时，问题就变得容易理解多了。我希望能够说服你，这个直白简单的概念能够解释一些我们赖以生存的世界所拥有的最基本特征。乍看之下，较之于以往时代，风险这个词汇似乎与我们时代并不存在特别的关联，毕竟各个时代的人们都必须面对其应当承担的风险。在中世纪欧洲，大多数人的生活都挣扎在肮脏和野蛮之中，脆弱而短暂，就如当今很多贫穷地区的人们一样。

但有趣的是，除了在一些边缘文化的语境中，欧洲中世纪并不存在"风险"这一概念。我迄今在大多数其他传统文化中也未找到类似概念。直到16—17世纪，随着"风险"这一词汇被西方探险家出海进行世界航行时被发明出来，其内在表达的观念才为人们所知。"风险"这个英语词似乎来源于葡萄牙语或西班牙语，最初用于指在航海图上未标明的水域航行。该词最初用来指代空间中的风险，随后才被转移到时间上。在银行和投资业，人们用"风险"一词来表达对债务人或债权人的投资决定可能导致的结果的推算。不久，在许多带有不确定性的场合都开始使用"风险"一词。

值得注意的是，风险这一概念与概率、不确定性是无法分开的。如果一个人的未来是百分之百确定的，也就没有什么风险需要冒了。

有一个古老的笑话能够恰如其分地诠释其中的含义。有一个人从一百层高的摩天大厦的楼顶纵身一跃。在他一路下坠经过每一个楼层的过程中，楼里的人能够听到他一直在自言自语："到目前为止一切还好"，"到目前为止一切还好"……虽然他看似还在进行着风险的估算，但命运事实上早已注定。

传统文化没有风险这一概念，因为它们不需要。风险并不等于危险或灾祸。通过主动测评来估计未来可能存在的危险才能称为风险。它只有在以未来为导向的社会中才能获得广泛的应

用——这种社会把未来看作一片有待开垦的处女地。风险假定了
一个试图积极摆脱现状和寻求改变的社会——这正是现代工业文
明的主要特征。

　　此前所有文明，包括那些世界上曾经存在过的早期伟大文明，
比如罗马帝国或古代中国，根本上都生活在过往之中。他们使用
命运、运气或者神的旨意来代替我们现在所使用的风险概念。在
这些文明中，惨遭横祸或者天降横财都被看作要么是运气使然，
要么是神鬼作祟。有些文化甚至拒绝承认可能性的存在。非洲的
阿赞德部落相信如果某人遭受厄运，那一定是受到巫术的诅咒。
例如，如果某个部落成员病倒，其他人会认为这是敌人在施展黑
魔法的结果。

　　当然，诸如此类的观点在现代社会并没有完全绝迹。魔法、
命运和宇宙论的观点虽然仍有市场，但经常被当作迷信，人们对
其将信将疑，运用起来也是缩手缩脚。人们通常将这些手段用于
支持那些其实经过深思熟虑的决定。赌徒们，包括那些在股市交
易所里的投机者，大多数会通过特有的仪式以从心理上减轻他们
需要面对的不确定性。同样的道理也适用于那些我们无能为力的
风险，毕竟活着本身就存在风险。所以当人们在面对生命中的关
键时刻时依然向占星学家求医问药，就显得不足为奇。

　　然而，对于风险的接受也是对于冒险和刺激的拥抱。试想一
下，有些人在赌博、飙车、性冒险、过山车俯冲等风险中获得快
感，更何况积极拥抱风险是现代经济创造财富的能量源泉。

　　风险的两面性——积极面和消极面——在现代工业社会的早
期就已显现。风险作为一种渴望变化的力量成为在社会上流转的

力量，它试图决定自己的未来而不是把它拱手让给宗教、传统或者大自然的无常。现代资本主义对待未来的态度与之前任何形式的经济体系都迥然不同。之前类型的市场企业都是不规律或不完整的。举例来说，在传统文明中，商人和贸易者对社会基本结构的影响力颇低，农业则占据着绝对重要的地位。

现代资本主义通过计算作为连续过程的未来损益（即风险）而深嵌于未来之中。这种方式归功于 15 世纪在欧洲发明的复式簿记法，为了创造更大的收益，它可以精确地跟踪记录投资的流向。当然，包括健康风险等在内的很多风险是我们希望极力避免的。所以，随着风险观念的兴起，保险业应运而生。我们不能仅仅把它看作私人或者商业保险，保险业可追溯到英国伊丽莎白时期的济贫法这一福利国家制度，本质上也是一种风险管理系统。它被设计用来帮助人们对抗那些此前只能听天由命的不幸：病痛、残疾、失业和衰老。

25　　保险将风险降到人们可以承受的底线。作为生活安全稳定的基本保障，保险通过积极参与到未来当中而将命运从生活中驱逐出去。与风险概念类似，现代保险业也起源于航海业。16 世纪的人们签订了最早一批航海保险单。1782 年，第一家承担海洋保险业务的公司在伦敦诞生。劳埃德公司很快在新兴的保险业中获得了统治地位，这一地位持续了两个世纪之久。

只有当我们相信未来可以人为设计时，保险才会令人信服。因为保险业就是一种对未来的设计。保险提供了保障，但它依赖于风险以及人们对于风险的态度。不管是私人形式的保险还是国家福利形式的保险，其本质都只是风险的重新分配。当某人为防

止房子着火而购买了火险，房子着火的风险本身并没有消失，它
只是通过房屋主人付费的方式将其转移给了保险供应商。风险的
交易和置换是资本主义经济的核心特征，缺乏这一特征，资本主
义将变得难以想象和不可运转。

　　由于这些原因，风险观念总是与现代性联系在一起。但我现
在想说的是，风险在我们这个时代扮演了新的特殊角色。风险原
本是管控未来、规范未来和将其置于我们支配之下的一种方式，
但今天的现实却适得其反。我们操纵未来的企图反而反作用于我
们自身，强迫我们从不同的角度重新审视未来的不确定性。

　　为了最直观地解释哪里出了问题，我们需要区分两种不同的
风险：一种我称其为外部风险（external risk）。外部风险指来源
于外部，源自传统或自然的固有风险。区别于外部风险，另一种
我称其为人造风险（manufactured risk）。这种风险产生于我们不
断增长的知识对世界所造成的影响。我们对于人造风险尚缺乏足
够的历史经验来加以应对。大多数环境风险，比如和全球变暖所
关联的各类问题，都可以归于此类。它们直接受我在第一章所讨
论的不断增强的全球化的影响。

　　以下是我尽可能对这两类风险所做的区分。在所有传统文化
中，以及在距今不远的工业社会中，人类所担忧的都是来自外部
自然界的风险——糟糕的收成、洪水、瘟疫或者饥荒。但从某一
刻开始——这一刻从历史的角度来看非常晚近——我们开始很少
担心自然界会如何处置我们，转而更加担忧我们对自然界所造成
的伤害。这标志着风险的主导形式由外部风险转变为人造风险。

　　这里作为担忧主体的"我们"是谁？我认为是指我们所有人，

不管其身处世界的富裕地区还是贫穷地区。当然，富裕地区显然与其他地区之间也存在着巨大的差异。很多更加传统的风险，比如之前提到的由于粮食歉收而导致饥荒之类的风险，与新的风险在贫穷的国家同时存在。

如今，我们的社会在自然终结之后仍然欣欣向荣。当然，这种自然的终结并不是物理世界或者物理进程的终结，而是指我们周遭的物质环境已或多或少受到了人类活动的干预。不经意间很多曾经属于自然的事物已经不再属于自然，尽管我们总是无法明确某种过程在何处开始又在何处结束。1998 年中国的特大洪水使很多人丧失了生命。中国各大重要河流在历史上总是周期性泛滥。这次特大洪水是否只是这一周期的再现？还是由于全球气候变暖影响所结出的恶果？谁也无从得知，然而这场洪水的诸多不寻常的特征都在提示着我们，它的成因与人类的活动关系密切。

人造风险不仅关乎自然或曾经属于自然，它也渗入我们生活的各个方面。例如，婚姻和家庭在工业化国家正发生深远的变化，某种程度上正在世界范围内发生变化。仅仅两到三代人之前，当人们结婚时，他们清楚知道其所代表的意义。由传统和习俗所规定的婚姻方式很大程度上近似于一种自然状态，至今仍存在于许多国家。然而，在一些传统逐渐消解的国家，由于婚姻和家庭制度已经发生太大的变化，人们在结婚或组建关系时并不清楚其中的含义。人们像其先祖那样被重新放逐到全新的世界中。在那种情况下，不管是否意识到，他们将越来越需要从风险的角度来进行思考，因为相对于过去而言，他们需要面对更加开放的未来，其中机会和危害并存。

随着人造风险的扩张，风险评估本身也构成了一种风险。如前所述，风险概念的兴起与对可能性的计算紧密关联。大多数形式的保险都直接建立在这种关联上。举例来说，每次当一个人坐上一辆小汽车，我们就可以计算出他遭遇车祸的概率。这是保险精算预测——建立在长期以来的统计之上。人造风险与此不同，我们完全不知道风险的大小，很多时候只有在事情发生过后才能知晓。

不久前（1996年）是乌克兰切尔诺贝利核事故10周年纪念，没人能准确预测它以后将产生何种长期性影响。它对人体造成的累积性伤害是否将在未来的某一个时刻显现。英国爆发的牛脑海绵状病（BSE）——即疯牛病——的情况与此类似，我们不知道它对人类的未来将意味着什么。到目前为止，我们仍然无法确定将来是否会有更多的人罹患此病。

来看看我们正在经受的全球气候变化问题吧！很多相关领域的资深科学家都相信全球变暖的确正在发生，我们必须采取措施来避免问题走向恶化。但仅仅在20世纪70年代中期，正统的科学观点认为世界气候正处在全球降温的过程当中。许多曾被用来支持全球降温的证据摇身一变，开始为全球变暖摇旗呐喊——热浪、寒潮、不寻常的气候变化等。全球变暖真的正在发生吗？若真是如此，是人为造成这种情况的吗？有可能直到一切木已成舟的那一刻前，我们永远无法获得完全确切的答案。

在这种情况下，一种新的政治道德氛围出现了：一边指责对方散布谣言，另一边则指责对方掩盖事实，双方相互指责、争论不休。如果政府官员、科学专家或者研究者认为某种风险非常严

重，他一定会力图公之于众，因为只有广而告之乃至略微夸大其30
词，人们才会对这种风险信以为真。然而，如果这种风险之后被
发现只是小题大做，那么宣传者们就会被指责是在危言耸听。

从另一个角度来看，假定当局最初认为风险并不很严重，就
如英国政府对待被污染的牛肉的例子那样，那情况又将如何？英
国政府的最初声明表示：我们已经得到众多科学家的支持，所谓
风险只是空穴来风，所有人可以继续放心食用牛肉。在这种状况
下，如果实际情况事与愿违，权威机构就会被冠以掩盖事实的罪
名而受到指责——事实也的确如此。

情况甚至比我们所举的这些例子更加复杂。自相矛盾的是，
为了减少我们所面对的风险，散布谣言有时是必需的，然而一旦
风险真的得到规避，谣言就可能蜕化成真了。艾滋病（AIDS）就
是如此。政府和专家花了很大的力气进行公共宣传，将不安全的
性行为与患艾滋病的风险关联起来，引导公众改变其性行为。这
在一定程度上遏制了发达国家艾滋病的蔓延，使其远远低于原来
的预测。但由此导致的反应却是：问题并没有那么严重，为什么
当初如此恐吓公众？但从艾滋病在全球范围内扩散的严重性来看，
这种做法的确是非常明智的。

诸如此类的矛盾在当代社会可谓司空见惯，但却没有什么好
的解决办法。如我之前所提到的，在大多数人造风险的情况下，31
风险是否真的存在都存在争议，我们无法预知是否只是在杞人忧
天还是相反。

今天，我们与科学技术的关系已经今非昔比。在两个世纪的
时间里，科学在西方社会是作为传统的一部分，一方面创造超越

传统的知识，另一方面则以自己的方式成为新的传统。它存在于大多数人的日常活动之外，为人们所尊敬。普通人不假思索地接受科学家所给出的意见。

科技越是在全球范围内侵入我们的日常生活，这种不加思索地接受科学家意见的人就变得越来越少。与过去相比，我们中的大多数人——包括政府权威和政治家，都不得不以一种更加主动的姿态来面对科学和技术。

我们不能只是简单地"接受"科学家所提供的发现，因为科学家也常常提出互为相反的观点，特别是在人造风险问题上。现在每个人都清晰地意识到了科学的易变本质。不管我们决定早餐要吃什么、做何选择，是喝脱咖啡因咖啡还是普通咖啡，我们所做的抉择都是在相互冲突和瞬息万变的科技信息语境下做出的。

以红酒为例，与其他酒精饮料类似，红酒曾经被认为有害于健康。后来有研究表明，适量饮用红酒能减低心脏类疾病发病的风险。再之后又有研究发现，任何酒精饮料都有类似的作用，但只是对 40 岁以上的人群才有效。谁知道在这之后又会发现什么玩意儿？

有人提出，解决人造风险最有效的办法是通过采用"预防原则"来限定责任。"预防原则"概念最早是在 20 世纪 80 年代的德国生态讨论中提出的。该原则最简单的形式，是指即使科学证据尚不充分，各类环境问题（其他风险形式也如此）也必须得到处理。因此在 20 世纪 80 年代，欧洲的许多国家也采取了相应措施来解决酸雨问题，尽管在英国则以缺乏决定性证据为由而在酸雨和其他环境问题上无所作为。

　　然而，预防原则在处理风险和责任问题上并不总是那么有效，有时甚至无法贯彻。依靠"亲近自然"或者限制创新并不能总是奏效。因为科技进步和社会变迁所带来的利弊往往难以衡量。以饱受争议的转基因食物为例。全世界近 3500 万公顷的土地上种植着转基因作物，是英国国土面积的 1.5 倍。大多数种植地位于北美和中国。转基因作物包括大豆、玉米、棉花和土豆。

33

　　大自然已经不再自然这一点是再明显不过的事实了。风险之中包含了太多未知，也可以说是已知的未知（known unknown），因为世界为我们展现了一种令人惊讶的发展趋势。可能还有我们始料未及的其他后果在等待着我们。上述例子的风险之一就是转基因食物可能会带给人类长期的健康危害，毕竟大量新的基因技术与之前传统的杂交方法有着本质的不同。

　　还存在着另一种可能，即为了增加抗虫性而植入作物的基因有可能扩散到其他作物中——从而创造出一种不怕虫害的"超级杂草"，反过来对环境的生物多样性造成威胁。

　　由于增长和消费的压力，转基因作物在一定程度上受到纯粹商业利益的驱动。那么颁发全球禁令是不是更加合理？这即使办得到也没那么简单。现代广泛采用的密集型农业并不是无限期可持续的，它依赖于大量化学肥料和杀虫剂的使用，这对环境造成了严重危害。如果我们退回到更加传统的农业方式，将无法养活全世界的人口。经过生物工程改造的作物减少了化学污染，从而解决了这些问题。

34

　　不管我们怎么看待这些问题，都无法避开风险管理。随着人造风险的扩散，政府无法对风险管理撒手不管。且由于大多数新型风险都是跨国界的，各国政府需要联合起来加以处理。

作为普通个人，我们也无法忽视这些新的风险，或者坐等确切科学证据出现后才开始行动。作为消费者，我们每个人都必须决定是否排斥食用转基因作物。这些风险及随之而来的两难选择，将深嵌于我们每个人的日常生活中。

至此，请容许我对本篇的内容进行小结，以便让我的论点表达得更加清楚。我们的时代与过去的时代相比并没有更多的危险和风险，但危险与风险之间的平衡已经改变。我们所生活的世界的危险（hazards）更多（或至少一样多）源于我们自己的创造，而不是外部世界。其中有一些是真正的大灾难，比如全球生态危机、核扩散和世界经济崩溃，另一些则对我们每个人有着更加直接的影响，如食物、医药甚至婚姻。

一个类似于我们的时代将不可避免地孕育出宗教复兴或者各类新时代哲学思潮，它们对科学采取对立的立场。由于生态危机，一些生态思想家已经开始敌视科学，甚至敌视理性思维。这种态度显然是不可取的。没有科学分析，我们甚至无法获知这些风险的存在。然而，由于上述原因，我们与科学的关系也必须从过去的窠臼中跳出来。

我们如今尚无一个能对国家乃至全球技术变迁进行观测的机构。如果我们建立一个公共对话平台，讨论技术变迁及其可能的后果，那么像英国和其他地区疯牛病暴发的情况就有可能避免。更多对科学与技术进行公开探讨的方式不会减少"掩盖事实还是夸大其词"一类的窘境，但也许可以减少一些它们带来的更具破坏性的后果。

35

最后，我们不应完全消极地对待风险。风险总是需要得到管治，但积极的冒险精神也是一个创新型社会和一个有活力的经济体所必需的核心元素。置身于全球化时代意味着要面对各式各样的新型风险。很多时候在面对科学创新或其他形式的变革时，我们需要初生牛犊式的无畏而非谨小慎微的裹足不前。毕竟，"风险"一词的词根在葡萄牙语中的原意为"敢于"。

第三章 传　统

当苏格兰人聚在一起庆祝其民族认同时，往往使用最传统的做法：男人们穿着苏格兰短裙、吹着风笛，而且不同的宗族具有不同的格子图案。苏格兰人以这些仪式来表达其忠诚，这些仪式可以追溯到远古时代。

但实际情况却不是这样，与苏格兰其他最显著的象征一样，它们的形成实际上也都相当晚近。苏格兰短裙是由一名来自英国兰开夏郡的实业家托马斯·罗林森（Thomas Rawlinson）在 18 世纪早期发明的，为了使工人更加方便，他改革了苏格兰高地人的传统着装。

苏格兰短裙是工业革命的产物，发明它的目的并不是为了 保护由来已久的传统，而是相反，为了将苏格兰高地的人从石楠种植转向工厂。当时，这种短裙并没有开启其作为苏格兰民族服饰的生涯，因为占苏格兰人口大多数的苏格兰低地人对高地人的服饰往往持有一种轻蔑的态度，他们将其视作野蛮人的装束。在维多利亚时代，一些有进取心的裁缝恰好看到了苏格兰短裙所蕴含的市场，现在大部分苏格兰宗族的短裙便是由那些裁缝设计出来的。

　　事实上，我们认为那些非常传统和可以追溯到远古时代的那些东西，大部分是过去几个世纪的产物，而且许多是非常晚近的产物。这个关于苏格兰短裙的案例来自由历史学家埃里克·霍布斯鲍姆（Eric Hobsbawm）和特伦斯·兰杰（Terence Ranger）共同撰写的名著《传统的发明》（The Invention of Tradition）。他们列举了许多关于发明传统的案例，这些案例来自许多不同的国家，包括印度殖民地。

　　英国于19世纪60年代在印度开展了一项考古调查以鉴定印度的伟大纪念物并保护这些"遗产"。由于认为印度的地方性艺术品和手工艺品正在没落，他们便将这些手工艺品收集起来，并保存在博物馆中。举例来说，在1860年之前，印度士兵和英国人都穿着西式制服，但在英国人看来，印度人必须看起来像印度人，所以他们对印度士兵的制服款式进行了修改，加入了被视为"正宗"的印度元素，如长头巾、饰带和长袍。因此，一些传统是被发明或者间接发明出来的。这种情况在今天一些国家还在继续，当然，其中一些会被后续的历史抛弃。

38　　传统和风俗是大部分人类历史上大多数人赖以生存的必要元素，但学者们和思想家对其关注的兴趣却少之又少。他们对现代化和现代意味着什么的问题进行没完没了的讨论，但关于传统的讨论却实在凤毛麟角。当我做本章研究的时候，我接触到的也大多是以"现代性"为标题的英文学术著作。其中有些是我自己的，但我发现仅有为数几本是专门讨论传统的。

　　18世纪的欧洲启蒙运动给传统扣上了一个坏名声，这场运动中的重要人物霍尔巴赫爵士（Baron d'Holbach）这样说道：

先哲们已经使人们关注天堂的时间太久了，现在也该让人们的注意力移到地球上来了。人们对已经难以令人置信的神学、荒诞的寓言、不可理解的神秘故事和平庸的礼仪等感到厌倦，应该将人类的智慧用以研究自然、可理解之物、可感知的真理和有用的知识。让人类去除那些愚蠢无用的狂想，合理的想法和观点不久就将自然而然地降临到那些被认为注定永远是错误的人的头脑中。

显然，霍尔巴赫从不想严肃对待传统及其在社会中的作用。在这里，传统仅仅是现代性的阴影，一种可以被轻易抹去的难以置信的构思。如果我们想要真正理解传统，就不能完全将其视作愚蠢的东西。"传统"一词的语言学根源非常古老，其英语单词根源于拉丁词汇 tradere，意思是传输，或是将东西交由他人来妥善保管。tradere 最早被用在罗马法语境下的遗产法条文中，财产由一代传到下一代，其间假定的是相互信任，即继承人有责任和义务去保护和照顾好这笔财产。

或许不像苏格兰短裙和风笛那样，传统这一概念似乎已经存在了很多个世纪。表象再一次具有欺骗性。我们现在使用的 tradition 术语事实上是欧洲过去两个世纪的产物。就如前一章所谈到的危机概念一样，在中世纪，"传统"并不是一个通用性概念。那个时代该术语根本没有存在的必要，恰恰因为传统和习俗无处不在。

因此，传统这一观念本身是现代性的产物。这不表示我们在谈论前现代或者非西方社会时不能使用该概念。但这的确意味着当我们在进行有关传统的讨论时，需要更加谨慎。正是通过把传统等同于教条和无知，启蒙思想家为其吸收新的观念提供了正当性。

40　　当我们把自身从启蒙偏见中解脱出来以后，该如何来理解"传统"？通过回到传统的发明，我们已经有了一个良好的开端。霍布斯鲍姆和兰杰认为，被发明的传统和习俗并不是真正的传统和习俗。它们是被设计出来的而非自发形成的，被用作权力的手段，并且会随着时间的消逝而消失。不管传统的延续性如何，随着时间的流逝，它们将被证明是虚假的。

　　我把他们的观点颠倒过来，认为所有的传统都是被发明的。没有哪个传统社会完全是传统的，传统和习俗的发明出于各种不同的原因。我们不能假定建构传统的意识仅仅存在于现代社会。更有甚者，不管是出于有意还是无意地建构，传统总是包含着权力。国王、皇帝、神父和其他一些人长期以来一直在发明传统以使其统治合法化。

　　此外，认为传统不受变迁影响的想法也是荒谬的。传统随时间而进化，但也可以被突然改变或转型。换一种表述方式，传统是不断被发明和被再发明的。

　　当然，与著名宗教联系的某些传统已经延续了数百年。例如，伊斯兰教存在着某些核心教义，几乎所有的穆斯林信徒都坚守它们，它们延续了很长一段时间仍然清晰可辨。但是，不管这些教义的延续性如何，在如何阐释和遵循方面，它们总是存在着许多变化，有些甚至是革命性的。纯粹的传统是不存在的。就如所有41 其他世界性宗教一样，伊斯兰教也从各种文化资源——即其他传统——中吸取养分。从更为一般的角度而言，类似的情况还体现在奥斯曼帝国身上，它长期融合了阿拉伯人、波斯人、希腊人、柏柏尔人、土耳其人和印度人的影响。

认为某些特定的符号和实践是传统的，它们一定已经存在了很多个世纪，这样的观点同样是错误的。比如，英国国王每年必须在广播上进行圣诞致辞，这已经成为一种传统。但是，它仅仅始于1932年。持续时间并不是定义传统的关键性因素，也不是定义其更加含糊的同义词——习俗——的主要因素。传统的突出特征是仪式和重复。传统是群体、共同体或者集体的属性。个体可能会遵循传统和习俗，但传统却不是个体行为的特质，习惯（habit）才是。

传统的特别之处在于它界定了某种真理，因为对于遵循特定传统实践的人来说，他无须提出是否存在别的选择的问题。无论传统发生了多大的改变，它都给人们提供了很大程度上无须质疑的行为框架。传统通常存在其守护人，如智者、牧师、圣人等。守护者不能等同于专家，他们仅通过对传统仪式性真理进行解释而获取地位和权力，而且只有他们才能阐释公共仪式所涉及的神圣文本或者象征的真实意义。

启蒙运动旨在打破传统的权威性，但只是取得了部分成功。传统在大部分现代欧洲国家依然保持强势，在世界其他大部分地区则依然根深蒂固。许多传统是被重新发明的，其他一些则是新近设立的。某些社会部门采取协调性行动旨在保护和改编这些古老的传统。归根结底，传统是保守哲学体系的基本或全部内容。传统可能是保守主义最基本的概念，因为保守主义坚信传统中蕴含的智慧。

　　传统在工业国家中持续存在的进一步原因在于：由现代性所催生的制度变迁很大程度上仅局限于公共制度方面，尤其是政府和经济领域。在包括日常生活在内的许多其他领域，传统的行事方式总体上被保留了下来或者被重建。我们甚至可以认为，传统与现实是一种共生关系。比如，在大多数国家，家庭、性和性别分工仍然浸渍在传统和习俗之中。

43　　今天的全球化催生了两大根本变化。在西方国家，不仅公共制度而且日常生活都逐渐脱离传统的掌控。世界上其他原本非常传统的社会也开始变得去传统化了。我把这看作前面已经提到的全球世界主义社会兴起的关键。

　　这是一个自然终结后的社会。换句话说，物理世界中很少有哪个方面是自然的——没有受人类干预的影响。这也是一个传统终结了的社会。传统终结并非启蒙思想家所期待的传统的消失。相反，不同版本的传统继续在各处发展，但用一种时髦的说法来讲，以传统方式存在的传统已少之又少。这种传统的方式意味着通过自身的仪式和象征来维护传统的活动，通过其对真理的内在主张来维护传统。

　　这个现代化已不再局限于某个特定的地理区域而是能够被全球感知的世界，已经给传统造成了诸多后果。传统和科学有时以一种古怪而又有趣的方式混合在一起。比如，已经得到广泛讨论的发生于1995年印度的事情，神灵在一些印度教的神殿里竟然开始喝牛奶（指供奉牛奶）。与此同时，不仅在印度而且在整个世界，成千上万的人开始给神灵供奉牛奶。对这一现象进行过描述

44

的人类学家丹尼斯·维达尔（Denis Vidal）这样评述道：

> 通过在有印度人居住的世界每一个国家展现印度人自身，
> 印度的神灵也可能在这个打着全球化旗帜的时代成功地完成
> 其第一个奇迹。

同样有趣的是，无论是信徒还是非信徒都普遍认为，需要用科学试验来验证这一奇迹。科学被用来服务于信仰。

传统在这一案例中不仅仍然活着，而且还有复兴的意味。但传统也经常屈从于现代性，这种情况存在于世界的某些场合。传统被抽去了内涵、被商品化，成为某种遗产或粗劣的商品——如同机场商店里售卖的小玩意。随着遗产业的发展，遗产被重新包装成可被观赏的传统。例如，旅游景点的建筑物被翻新，看上去壮丽辉煌，它们甚至是基于原建筑物的每一个细节而进行翻新的。但这个从此受到保护的遗产已经与传统的命脉切割开来了，这个命脉便是传统与日常生活体验之间的关联。

在我看来，承认传统是社会的需要这一点完全合理。我们不应该接受世界应该完全摆脱传统这种启蒙理念。之所以需要传统，传统之所以总是存在，因为它们赋予生活以持续性和形式。以学术生活为例，学术界的每一个人都在和传统打交道，甚至作为整体的学科体系，如经济学、社会学或哲学，都具有其自身的传统。没有人可以完全以一种没有学科边界的方式工作。缺乏知识传统，思想就不可能聚焦，就将失去方向。

但是，持续探索这些传统的边界，并在它们之间形成积极的交流，这也构成了学术生活的一部分。传统可以以一种非传统的方式得到完美的保护，这应该是未来发展的方向。惯例、仪式和重复都扮演了重要的社会角色，有些是由包括政府在内的大多数组织来诠释和执行的。只要传统的正当性能够得到有效证明——不是从其内在仪式的角度，而是通过与其他传统和行事方式进行比较的角度——传统就能够继续传承下去。

这种情况同样适用于宗教传统。宗教通常与信念联系在一起，信念转变成信仰是一种情感飞跃。在这个世界主义的时代，相比于以前，人们会越来越常规性地接触到与自己具有不同想法的其他人。他们可能会被要求以一种明确的方式对自己和他人表明其信仰的合理性。在一个不断去传统化的社会，坚持某些宗教仪式和惯例具有很大程度的合理性。事实就是如此。

46　　当传统的作用发生改变时，新的动力就被引入我们的生活。这可以概括如下：一方面是自主性与强迫性之间的推拉，另一方面则是世界主义与原教旨主义之间的推拉。随着传统的隐退，我们被迫生活在一种更加开放和更具有反思性的状态。通过更公开的讨论和对话，自主和自由可以取代传统的隐匿力量，但这些自由同时也唤醒了其他问题。一个建立在自然和传统对立面的社会——就如当今几乎所有西方国家的情形那样——是一个在日常生活领域必须做出抉择的社会，就如在所有其他领域一样。抉择的阴暗面体现在成瘾和强制的出现上。一些令人着迷但也令人烦恼的事情将发生在这种情境下。这些情况尽管主要发生在发达国家，但世界其他地方的富裕群体同样存在这些情况。我这里正在讨论的是观念的传播和成瘾的现实。成瘾概念最初只是专门用于酗酒和吸毒上，但现在这个词已经渗透到许多其他领域的活动中。一个人可以对工作、运动、食物、性甚至爱形成依赖。其原因在于较之于以前，这些活动和生活的其他方面更少受传统和习俗的影响。

与传统一样，成瘾也是过去对现在的影响，重复在其中也发挥了关键性作用。但是，这种有问题的过去是个体化的而非集体化的，重复则由焦虑所驱动。我把成瘾看作自主性的冻结。每一种去传统化的语境都比过去提供了自由行动的更大可能性。我们这里讨论的是将人类从过去的束缚中解放出来，但当本应被自主性所驱动的选择被焦虑破坏时，成瘾便开始出现了。在传统中，过去通过共享的集体信念和情感而形构了现在。成瘾同样为过去所挫败，但这是因为人们摆脱不了自己最初自由选择的生活习性。

随着传统和习俗的影响在世界范围内全面萎缩，我们的自我认同基础——我们对于自我的感知——也发生了变化。在一个愈加传统的地方，对于自我的感知很大程度上是通过个体在共同体中的地位得到支撑的。在一个传统消逝了的地方，生活方式的选择越盛行，自我的根基就越不稳固。较之于以前，自我认同必须在一个更加活跃的基础上反复创建和再创建。这就解释了为什么各种类型的治疗和咨询在西方国家会变得如此受欢迎。当弗洛伊德创建现代精神分析学时，他认为他建立了一个针对精神病的治疗方法。但在这个去传统文化的早期阶段，他所做的实际上是建立复兴（renewal）自我认同的方法。

归根结底，精神治疗是通过回忆个体的过去为未来创造更多的自主性。它与西方社会越来越普遍存在的自助群体的功能基本相同。例如，在一次匿名的酒鬼会议上，个体叙述其生活史并表达改变的愿望，从而获得其他参与者的支持。个体从成瘾中恢复过来本质上重新改写了他的生活故事情节。

成瘾与自主之间的竞争是全球化的一极，另一极则是世界主义与原教旨主义的冲突。人们可能认为原教旨主义一直是存在的。但事实并非如此，它是对我们随处可见的全球化影响的一种反映。原教旨主义术语起源于 20 世纪的转折时期，指美国一些新教徒——特别是反对达尔文的那些教徒——的信仰。然而，即使到 20 世纪 50 年代末，在《牛津英语词典》中依旧没有"原教旨主义"这个词条。直到 20 世纪 60 年代初，它才成为一个流行的词语。

原教旨主义不同于狂热主义和独裁主义。原教旨主义呼吁重新回到基本的经文或文本，提倡逐字逐句的阅读方式，并主张将这些得自阅读的教义应用于社会、经济或政治生活中。原教旨主义为捍卫传统提供了新的生命力和重要性。因为只有神职人员或其他有诠释权的人才可以获得文本的"准确含义"，他们从而同时获得了世俗和宗教性权力。他们可能直接代替政府的统治权，正如现在的伊朗那样，或者与政党联合执政。

原教旨主义是一个有争议的词汇，因为许多被称作原教旨主义的人并不接受将这一术语用在他们身上。因此，原教旨主义是否存在一种客观的含义呢？我认为存在，我倾向于以这样一种方式来界定它：教旨主义是一种被围攻的传统。在一个呼唤理性的全球化世界，它通过求助于仪式真理（ritual truth）而以传统的方式来捍卫传统。因此，原教旨主义与信仰、宗教或其他东西并没有什么关系，真正有关系的是信仰的真理如何得到捍卫和坚持。

原教旨主义并不是指人们相信什么，而是与传统类似，指人们为什么相信它和如何来为它辩护。原教旨主义并不限于宗教领域，也不主要指更加传统的文化对于西方化的抵制和拒斥西方的颓废，它可以在各种传统的土壤中生根发芽。原教旨主义是对世界和平和延续所依赖的对话的拒绝，在这一点上它毫不含糊、从无异议并且高度一致。

原教旨主义是全球化的孩子，它既是对全球化的回应，也是对全球化的利用。几乎世界每一个地方的原教旨主义群体都广泛利用了新的通信技术。在霍梅尼（Ayatollah Khomeini）执掌伊朗政权之前，他将自己教义的录像带和录音磁带广泛传播。印度教激进分子也广泛利用互联网和电子邮件来创建一种"印度认同感"。

不论原教旨主义采用宗教的、种族的、民族主义的还是直接政治的形式，我都认为它是有问题的，因为它行走在暴力的边缘，并且是世界主义价值观的敌人。

尽管原教旨主义并不仅仅反对全球现代性，它也给后者带来各种问题。其中最基本的一个问题便是：我们是否能够生活在一个没有神圣的世界中？作为结论，我的观点是：不能够。包括我自己在内的世界主义者必须认识到这一点，宽容和对话也是在某种普适性价值的引导下进行的。

我们诸位都需要有某种道德责任，它高踞于日常生活的鸡毛蒜皮等烦琐事情之上。在这些价值发展薄弱或者遭到威胁的地方，我们应该做好准备去积极捍卫这些价值。世界主义道德本身需要激情的驱动，如果这个世界上没有什么值得我们为之献身，那也就没有什么东西值得我们为之活着了。

第四章　家　庭

在当今世界发生的所有变化中，没有哪个比发生在我们私人生活领域中的变化更为重要，比如性别、关系、婚姻、家庭等。在我们应当如何思考自身以及与他人的关系方面正在发生着全球性变革。这场变革在不同的地区和文化中不均衡地行进着，且伴随有反抗。

与逃逸世界的所有其他方面一样，我们完全不知道这场变革的结果有几分是好、几分是坏。就某种程度而言，这场变革是所有变革中最困难和最揪心的转变。在多数情况下我们大多数人可以对这些更庞大的问题采取不理不睬的态度，原因之一便是，我们难以以共同协作的方式解决那些问题。然而，面对这场直接逼近情感生活核心的变革漩涡，我们不能从中抽身。

当今世界上很少有哪个国家对性平等、性法规（sexual regulation）和家庭的未来进行过严肃地讨论，而那些没有对其进行公开讨论的主要是受威权政府和原教旨主义群体积极压制的地方。在许多情况下，这些争论主要发生在国家或地方层面，与这些争论所带来的社会或政治反应一样。政客和压力集团往往认为，一个国家只要调整其有关家庭的政策，只要使离婚变得更难或更容易，这些问题的解决之法就可以轻而易举地被找到。

但是，这些变革对个人和情感领域的影响远远超出了特定国家的边界，哪怕这个国家是像美国这样大的国家。我们发现几乎每个地方都发生着一些共同的趋势，只不过这些趋势在不同的文化情境中程度有所不同而已。

比如，在中国，政府正考虑如何让离婚变得更加困难。"文化大革命"结束之后通过了非常自由的婚姻法。根据这些法律，婚姻可以合则结，不合则离。即使有一方反对离婚，也可以在婚姻期"情感破裂"后准予离婚。这一等待期限是两个星期，此后该对夫妻在支付了 4 美元之后便可各自独立。中国的离婚率与西方国家相比尽管依旧很低，但也在快速上升，就如亚洲其他发展中国家一样。在中国的城市中，不仅离婚变得很平常，同居也同样如此。但由于中国地域广袤，各地的情况也有所不同。尽管官方通过一系列激励和惩罚措施限制生育，中国的婚姻和家庭依旧很传统。婚姻大多取决于两个家庭之间的安排，由父母而非当事人决定。一项有关甘肃省的最新研究表明，该省的经济发展水平极其低下，60% 的婚姻还是父母安排的。就如一句中国谚语所说的："嫁鸡随鸡，嫁狗随狗。"这是中国现代化进程中的扭曲表现。当前中国城市中的许多离婚大多是由于最初传统的结婚方式造成的。

中国存在着大量有关保护家庭的讨论，但这种讨论在西方许多国家甚至更加激烈。家庭是传统与现代性斗争的一个场所，同时也是二者的体现。这可能是因为相较于其他植根于过去的制度，家庭那个遗失的港湾萦绕着更多怀旧的情绪。政客和行动主义者常常诊断出家庭生活崩溃，并呼吁重新回到传统家庭。

传统家庭包含不同的类别。不同的社会和文化具有不同种类 54 的家庭和血缘关系。例如，中国的家庭与西方的家庭迥然有别，包办婚姻在欧洲大多数国家从来没有像在中国和印度那般普遍。但即使是非现代文化中的家庭也或多或少存在着各地都随处可见的特征。

传统家庭首先是一个经济单位。农业生产通常涉及整个家庭，在绅士和贵族阶层，财产转移是婚姻的主要基础。在中世纪欧洲，婚姻既不是建立在性爱的基础上，也不是性爱应当发展的空间。正如法国历史学家乔治·迪比（Georges Duby）所言，中世纪的婚姻没有任何冲动、激情或者幻想。

性别不平等是传统家庭的固有因素，我认为这种不平等怎么夸大也不过分。在欧洲，妇女是丈夫或父亲的财产，是法律所规定的动产。男女两性的不平等自然被延伸到性爱领域。性爱的双重标准是传宗接代和继承财产。在大部分历史时间里，男性都广泛而光明正大地拥有侍妾、情人或者妓女，更加富裕的男性甚至 55 还会跟自己的仆人寻欢作乐。但男人们必须确保妻子是自己孩子的母亲。女孩子的美德是贞节，妻子的美德则是从一而终。

传统家庭里不仅妇女缺少权利，儿童亦然。从历史的角度来看，将儿童权利载入史册的思想出现得相对晚近。前现代社会就如今天的某些传统文化一样，养育孩子不是出于孩子的缘故，而是出于父母的喜好。我们甚至可以说孩子根本不被承认为个体。这不是因为父母不爱自己的孩子，而是因为他们更关注孩子为共同经济负担能够做出的贡献。此外，儿童的死亡率也令人发指。在 17 世纪的欧洲和美国，几乎有 1/4 的婴儿在 1 岁时夭折，有近一半的儿童活不过 10 岁。

除某些宫廷或者精英群体外，传统家庭的性生活总是为生育所主宰，这实质是传统与自然的结合。有效避孕措施的缺乏对大部分妇女来说意味着性生活与生育之间存在着紧密的关联。在包括西欧在内的大多数传统文化中，直到 20 世纪初，一个女人一生中可能会有 10 次甚至更多的怀孕经历。

56　　　原因前文已经给出，性生活由女性的美德观念所主导。性的双重标准通常被看作英国维多利亚时代的产物。但事实上，它总是以这种或者那种版本存在于所有非现代社会中。其中包含着一种对于女性性生活的鲜明二元观念：一种是品行端正的女性，另一种则是行为放纵的女性。在许多文化中，男性性行为放纵被看作积极的男子气概的表现。詹姆斯·邦德（James Bond）因为性生活像其身体一样勇猛而受到赞美。但相反，女性的性放纵却几乎是完全无法被接受的，不管某些杰出人物的情人们产生了多么大的影响。

对于同性恋的态度也同样受传统和自然的双重影响。人类学的调查发现，在许多文化中，同性恋（至少是男同性恋）是被容忍的或得到公开认可，而不是被拒斥。比如，一些社会鼓励年轻男孩去与年长的男性建立同性关系，这种关系就像是性指导的一种形式。这种关系会一直持续到年轻人订婚或结婚为止。对同性恋持敌意态度的社会则通常谴责这种现象为明显反自然的现象。西方社会的态度比大多数社会更加极端，在不到半个世纪以前，同性恋依旧被广泛看作一种反常和堕落，并被写进了心理学教科书。

当然，对于同性恋的敌视态度现在依旧是普遍的，许多 57
人——不论是男性还是女性——依旧对女性持二元态度。但是，
在过去几十年里，西方社会对于性的基本要素开始发生根本改变。
性开始与生育完全分离出来。性首次被看作一种可以被发现、被
培育和被改变的对象。曾经被严格地与婚姻和正当性关联在一起
的性，现在与它们的联系已变得非常微弱。我们应该认识到，对
同性恋接受度的提高不仅仅是对自由与容忍的敬意，它也是将性
与生育切割出来的逻辑结果。人们在定义性快感的不满足时，不
再仅仅局限于异性的性行为。

在 20 世纪 50 年代，大多数西方国家支持者所称道的那种传
统家庭事实上只是家庭发展历程中的一个晚近和过渡阶段。因为
在这一时期，女性参与工作的比例依旧相对较低，想要不被污名
化而离婚，对于女性而言依旧很困难。但较之过去，那一时期的
男性和女性不论在事实上还是在法律上都显得更加平等。家庭已
不再成为一个经济单位，浪漫之爱取代作为一种经济契约的婚姻
而成为婚姻的基础。自那以后，家庭开始发生更加深远的变化。

具体情况在不同的社会各有不同，但几乎可以在工业世界的 58
任何地方发现相同的趋势。现在，只有很小一部分人仍生活在所
谓 20 世纪 50 年代家庭的标准之中——父母与结了婚的孩子仍然
生活在一起，父亲负责养家糊口，母亲则是全职家庭主妇。在一
些国家，超过 1/3 的出生率属于婚外生育，独身的比例也显著上
升，而且大有上升得更快的趋势。在如美国、英国等大多数社会，
结婚依旧十分普遍，但它们基本可以被称作高结婚率、高离婚率
的社会。另一方面，在斯堪的纳维亚国家，同居的比例很高，其

中包括已有孩子但不结婚的人。在美国和欧洲，多达 1/4 的、年龄在 18—35 岁的女性宣称她们不想要孩子，并且她们似乎将如此行动。

各种各样的家庭形式在所有国家将继续存在。在美国，许多人——尤其是新移民——依旧依据传统价值观念而生活。但随着同居但不结婚的伴侣比例的上升，大多数家庭生活已然发生了改变。婚姻和家庭已变成了我在第一章中所提到的空壳制度（shell institutions）：尽管它们的称谓还是如此，但其内部的主要性质已经发生改变。在传统家庭里，已婚夫妇只是家庭系统的一个组成部分，并且通常不是主要部分。在日常的社会行为中，与孩子及其他亲属的关系也同样重要，甚至更加重要。但在当下，已婚或未婚的伴侣则成为家庭的核心。随着家庭经济角色的弱化，爱，或者爱再加上性吸引成为建构婚姻纽带的基础，伴侣们开始成为家庭生活的核心。

一对伴侣一旦组成，他们就拥有其特殊的历史和特有的传记。这是一个以情感交流和亲密关系为基础的单元。亲密关系这个概念就如我在这本书所讨论的许多其他熟悉的概念一样，听起来很古老但事实上非常晚近。过去的婚姻从来不是以亲密——感情交流——为基础。具有亲密关系和情感交流对一个好婚姻来说无疑是重要的，但并不是婚姻的基础，但对于伴侣来说却是。交流首先是建立伴侣纽带的途径，也是双方得以继续交往的首要理由。

我们应该认识到其中所发生的重要改变。现在，"伴侣""分开"比以往的"婚姻""家庭"给个体生活领域提供了更加准确的描述。相较于"你结婚了吗？"，对我们大家来说现在更重要的问题是"你经历情感关系了吗?"晚近有关情感关系的观念也是令人吃惊的。在 20 世纪 60 年代很少有人谈论"情感关系",他们也无须从亲密关系的角度来谈论"关系"。那个时候的婚姻是承诺,包办婚姻的存在就是无聊的见证。

在传统家庭里,婚姻有一点类似于自然状态。对于所有男人和女人而言,婚姻被定义为大多数人都必须经历的一个生活阶段。那些没有步入婚姻的人会遭到他人轻蔑或贬低的眼光,特别是单身女人,男人如果单身太久也会遭到非议。 60

虽然婚姻在统计上还保持正常状态,但对于大多数人而言,婚姻的含义已经或多或少完全发生了改变。婚姻表示一对伴侣处于一种稳定的关系中,并且的确有加强这种稳定性的可能,因为它是在公众面前做出的承诺。然而,婚姻已不再是定义长期同居的主要基础。

儿童在其中的地位显得有趣,有时也显得很尴尬。在过去几代人的时间里,我们对于儿童和儿童保护的态度发生了根本性改变。我们变得如此珍爱儿童,部分是因为儿童变得越来越少,部分是因为当代人对拥有孩子的决定与前几代人完全不同。儿童在传统家庭里是一种经济效益,相反,在当今的西方国家,儿童给父母带来了沉重的经济负担。较之以往,现在生孩子的决定是非常独特的,它通常受心理和情感需要的引导。我们担心离婚和许多无父家庭的存在会对孩子造成影响,之所以会产生这种担忧,在于我们对于保护和养育儿童的期望已变得越来越高。 61

情感交流以及由此衍生的亲密关系正在取代过去将人们捆绑在一起的纽带。这里主要存在着三个领域,即性爱关系、亲子关系和友谊关系。

　　我将用"纯粹关系"概念来分析这三个方面。纯粹关系是一种基于情感交流的关系，这种交流所获得的满足是这种关系能否延续的主要基础。我没有说纯粹关系完全是一种性关系，也没有用它来表示现实中的任何一种事实。它是一个抽象概念，帮助我们理解这个世界正在发生的改变。每一个被提及的领域——性爱关系、亲子关系和友谊关系都接近于这一模式。情感交流或亲密关系正成为这些领域的关键性因素。

　　纯粹关系与更加传统类型的社会纽带相比具有完全不同的动力。前者主要依赖于主动信任的过程——将自己展现给他人。开放是亲密关系的基本条件，纯粹关系中暗含着民主。当我最初开始研究亲密关系时，我阅读了大量有关治疗与自助主题的文献。我吃惊地发现，很多我不相信会发生的事情已经得到了广泛的关注和评论。如果你观察一下临床医学家是如何看待良好关系的——不论上述三个领域当中的哪一个——你会惊奇地发现，其中直接存在着类似于大众民主的因素。

　　毫无疑问，良好关系是一种理想——大多数普通关系甚至难以挨得上边。我的话不是暗示我们的配偶、爱人、孩子或者朋友之间关系经常是混乱的、冲突的和令人不满意的。但民主的原则也是一种理想，民主与现实通常保持着巨大的距离。

　　一段良好的关系是一种平等的关系，关系方都拥有平等的权利与义务。在这种关系中，每个人都尊重他人，也希望对方尊重自己。纯粹关系是建立在沟通基础上的，所以理解他人的观点极为重要。交谈、对话是使纯粹关系得以运转的基础。如果人们彼此没有太多的隐瞒，即能够相互信任，那么纯粹关系便能处于最佳状态。人们应当努力信任，但不能把信任看作理所当然。最后，良好关系是一种免于专制权力、强制或暴力的关系。

所有这些品质都符合民主的价值。在一种民主的状态下，每个人原则上都是平等的，拥有平等的权利和义务，同时至少在原则上必须相互尊重。开放性对话是民主的核心品质。民主作为一种公共对话空间，通过对议题的公开讨论来取代专制权力和传统沉淀下来的其他权力。缺少了信任，民主就不可能运作，民主如果给专制主义或者暴力让步，它也就遭到了破坏。

当我们将这些原则和理想运用到纯粹关系中时，我们正在讨论一件极为重要的事情——我们的日常生活中出现了情感方面的民主。在我看来，在改善我们的生活质量方面，情感民主与大众民主同等重要。

与所有其他领域一样，情感民主也适用于亲子关系领域。亲子领域不可能，也不应该完全平等。不论从何方利益而言，父母都必须对孩子拥有权威。但是，原则上必须假定他们是平等的。在一个民主的家庭里，家长的权力应该基于一种隐匿的契约（implicit contract）。父母实际上在对孩子说："如果你是大人，并知道我所知道的，你会同意我让你去做的事都对你有益。"在传统家庭中，孩子只能对父母的意志唯命是从，许多对孩子的叛逆感到绝望的父母可能很希望恢复这种权威。但已经回不去了，也不应该回去。在情感民主中，孩子能够而且应该有反驳（answer back）的权利。

情感民主并不意味着缺少原则或尊重，它们只是通过另一种方式体现出来。当民主开始取代专制政府和强力统治时，类似的情况也出现在公共领域了。

情感民主不在异性恋与同性恋之间进行原则区分。与异性恋相比，同性恋者已经开拓性地发现了关系领域的新世界，并探索其可能性。他们不得不这么做，因为当同性恋登堂入室后，同性恋者无法依赖于传统婚姻的正常支持。

谈及培养情感民主，我没有要削弱家庭的角色或者削弱与家庭有关的公共政策的意思。民主意味着接受责任和法律所规定的权利。必须让对儿童的保护成为立法和公共政策的主要特征。父母应当履行抚养未成年孩子的法律责任，无论他们的生活条件如何。婚姻不再是一种经济制度，而是一种可以帮助建立稳定而非脆弱关系的仪式性典礼。既然这种要求可以被应用于异性恋关系中，那它也一定可以应用于同性恋关系中。

所有这些都可以提出为数众多的问题，但短短一章我不可能回答太多问题。不过非常明显，我已经浓缩了那些影响西方国家家庭的主要趋势。在那些传统家庭很大程度上依旧保持完好的地区，比如中国，那又当如何？那些已经出现在西方的变化会变成全球性的吗？

我认为会。现在的问题不是现有形式的传统家庭是否会被改变，而是何时和如何被改变的问题。我甚至可以更大胆地提出，我所描述的新兴情感民主正处于我前文描述的世界主义与原教旨主义抗争的前线。女性的性平等和性自由对于传统家庭而言是不相容的，对于原教旨主义群体而言是令人厌恶的。在世界上，反对女性的性平等和性自由的确是全球宗教原教旨主义的主要特征之一。

在西方国家以及其他一些地方，对于家庭状况的担忧比比皆是。我们不能认为每一种家庭形式都一样好，或者认为传统家庭的衰微就是一种灾难。我的观点与政治或者原教旨主义的权利观正好相反，在世界上的许多地方，对传统家庭或者其中某个方面的坚持比它的衰微更令人担忧。那么，在相对贫穷国家，什么是促进民主和经济发展最重要的动力？无疑，正是女性的平等和教育。那么，什么改变才能实现这一点呢？传统家庭的改变便是重中之重。

性平等不仅是民主的核心原则，与幸福和成就感也高度相关。 66
家庭领域发生的许多变化尽管都问题重重、举步维艰，但根据在美国和欧洲所做的调查显示，依旧很少有人想回到传统的两性角色，或者回到从前法律所规定的不平等状态。如果有我曾被灌输传统家庭无论如何都是最完美的情况，我会记起我伟大的姑姑曾对我讲过的话。她一定是拥有最长婚姻的人之一，曾经与其丈夫共度了 60 多年的时光。但她有一次这样向我吐露，在与丈夫共度的这段长久时光里，她深深地感到不幸福，但在她那个时代又无可逃避。

第五章　民　主

1989 年 11 月 9 日，我在当时仍属德意志联邦共和国的西柏林参加一个会议。会上也有一些与会者来自东柏林。有一个缺席了那天下午会议的人满怀激动地赶回会场。他来自德意志民主共和国，并得知柏林墙马上就要开放的消息。

我们中的几个人马上赶到了那里。墙上已经摆放了好些梯子，我们便开始往上爬，但被几名刚抵达那里的电视拍摄人员挡了回去。他们说，必须他们先上以便拍下我们爬梯子和到达顶端的画面。有些人还被要求再爬一次，以便确保良好的拍摄效果。

20 世纪末的历史就是这样被书写的。电视镜头不仅出现在了 该出现的地方，而且记录下了当时壮观的场景。就如我将要提出的，电视拍摄人员在某种程度上有权将自己推向最前沿。因为他们在 1989 年柏林墙开放以及随后更加普遍的东欧转型方面扮演了重要角色。1989 年革命背后的推动力是民主或者自治。我将表明，民主的传播受近年来全球通信技术进步的强烈影响。

民主或许是 20 世纪最充满活力的思想引擎。当今世界上很少有哪个国家不把自己称作民主国家。昔日的苏联及其附属东欧国家均给自己贴上"人民民主"的标签，共产主义的中国也同样如此。实际上，明显非民主的国家只剩下一些残存的半封建君主制国家，如沙特阿拉伯。即使这类国家，也不是没有受民主洪流的洗刷。

什么是民主？这是一个存在争议的问题，存在着诸多有关民主的阐释。我把它看作如下意思：民主是政党为获得权力地位而进行有效竞争的一种制度体系。在民主体制下，存在着所有国家成员都可以参与的定期而公正的选举。民主参与的权利同时意味着公民自由——表达和讨论的自由、参与和组织政治团体的自由等。

民主不是绝对的，存在着不同形式和不同层级的民主。例如，美国的民主与英国的民主存在着许多截然相对的性质。一个前往美国旅游的英国人有一次问他的美国同伴："你们美国人怎么能够忍受被一个没有人愿意与之共进晚餐的人的统治？"美国人则回答道："你们英国人怎么能够忍受被一个不愿邀请你共进晚餐的人的统治呢？"

现在，每个人都成为民主人士了，但不是向来如此。在 19 世纪，民主理想受到精英和统治团体的强烈抵制，甚至常常遭到嘲笑。民主尽管曾启迪了美国和法国革命，但它的影响在相当长一段时间内都比较有限。当时，只有极少数人可以投票，即使是代议民主制的最热情倡导者，比如政治哲学家约翰·密尔，也坚持认为应当对民主进行某些限制。密尔曾建议部分选民应该享有更多的选票，用他的话来说，以便保证那些"聪明而有才能的人"能够比那些"无知且无能的人"形成更大的影响。

只有进入 20 世纪以后，民主才在西方得到充分发展。第一次世界大战前，只有芬兰、挪威、澳大利亚和新西兰四个国家的妇女享有投票权。在瑞士，妇女直到1974年才获得投票权。另外，一些民主得到充分发展的国家后来还经历了倒退。德国、意大利、奥地利、西班牙和匈牙利在20世纪30到70年代均经历过威权统治和军事独裁。在欧洲、北美和澳大拉西亚之外，则只存在极少数长期稳定的民主政权，譬如拉丁美洲的哥斯达黎加。

然而，在过去数十年间，情况已以一种不可思议的方式发生了很大的改变。自20世纪70年代中期以来，世界上民主政权的数量已增加了一倍多。在此期间，民主已扩展到了30多个国家，既有的民主政权也保持了稳定。这一浪潮肇始于欧洲地中海区域，以希腊、西班牙和葡萄牙三国军政府被推翻作为开端。第二批民主转型的国家则主要出现在南美洲和中美洲，包括巴西和阿根廷在内的12个国家建立或重建了民主政体。

类似的景象在各大洲持续出现。在1989年东欧国家和苏联部分成员国民主转型之后，非洲一大批国家相继走向上民主之路。在亚洲，从20世纪70年代的早期开始民主化就一直持续发展，韩国、菲律宾、孟加拉国、泰国、蒙古等国相继成为民主国家，尽管其间出现了某些问题和曲折。印度则自1947年取得独立以来就始终保持着民主的状态。

当然，一些正在走向民主化的国家没有成为完全的民主国家，或者在半路上踌躇不前。俄罗斯就是一个很好的例子。另一些国家则完全回到了以前的状态。阿根廷以及部分拉美国家以前曾建立过民主政体，就如东欧的捷克共和国和波兰一样。考虑到民主政权常常被颠覆的事实，我们不能确定这一波民主化浪潮能否持续很久。不过，20世纪60年代以来民主的发展已经超过了此前一个世纪的成果。背后的原因是什么呢？

有些人从胜利主义者的角度提供了一个可能的答案，那就是西方民主与自由市场的成功结合。这也正是许多其他政治体系尝试达到却未能成功的原因。民主之所以脱颖而出是因为它是最好的，非西方国家需要花上一段时间才会承认这一点。

我不想就这一观点进行争论。民主的确是最好的。但对于最近一次民主化浪潮的解释，这一观点显得还不够充分。它没有解释民主化为何会出现在这样一个历史关头。

为了得到更好的解释，我们需要解决我所说的"民主的悖论"问题。所谓"民主的悖论"，指民主在世界范围内广泛传播，我刚才已经描述过这一点，但另一方面，当世界其他区域在模仿成熟的民主制度时，民主过程又带来了广泛的幻灭感。近些年来，在大多数西方国家，民众对于政治家的信任程度已大幅下降。积极参与投票的选民日益减少，尤其在美国。与之相应，越来越多的人，尤其是年轻一代，对代议制民主表现出厌倦的情绪。为什么当民主的浪潮在世界其他区域狂飙突进的时候，民主国家内部的公民却对民主政府表现出明显的失落感呢？

我在本书中分析的那些变化解释了为什么。对于世界上越来越多的人而言，生活不能再由命运——相对固定和被决定——所支配。随着多样的人生体验变得可能，随着参与全球竞争要求有灵活性和活力，威权政府正变得越来越不合时宜。基于权威指令的政治权力已很难再获得传统的尊重。

在一个以积极沟通为基础的世界，硬实力——自上而下的强制力——已不再有效。苏联自上而下的经济体制以及其他形式的威权政治已经反映了这一点，它们不能回应对于分权和灵活性的需要。在一个本质上是全球沟通的开放结构下，威权政治赖以维系的信息垄断是没有前途的。

在 1989 年的东欧剧变中，大量民众走上街头。但与历史上的大多数革命不同，此次事件很少夹杂有暴力。看似坚不可摧的共产主义政权体系就这样以一种从未设想过的方式销声匿迹了。也没有人想到过南非的种族隔离制度会以这样和平的方式被推翻，但事实的确如此。

1989 年变革中唯一出现的暴力事件是对电视台的争夺。率先抢占了电视台的人能够利用它为自己正名。通信革命创造了比以前更加积极、更有反思性的公民群体。同时，也正是这些发展变化催生了成熟民主国家内部的不满情绪。在一个去传统化的世界，政治家已不能依靠古老的权威形式来使自己的行为合法化。正统的议会政治日渐远离正在改变一切的历史洪流。

民主将何去何从呢？在这一横扫人们生活的变迁洪流中，正统的代议民主政治是否正在变得日益边缘化？

在西方国家进行的有关政府信任度的调查表明了某些有趣的发现：人们对政治家和正统民主程序的信任度的确已显著下降。但是，他们对于民主过程的信念并没有丧失。最近在美国和西欧主要国家所进行的一项调查显示，有超过 90% 的民众对民主政府表示支持。更有甚者，与大多数人所持的人们不再关心政治的假设相反，人们并没有对政治丧失兴趣。调查的结果正好相反，人们对政治变得比过去更感兴趣了。年轻一代亦然，他们并非我们通常认为的对社会充满不满和疏远的一代。

人们所愤懑和不满的实际上是政客们自私自利的主张以及更为关键，许多政客对许多政治问题避而不谈。许多人将政治看作一桩腐败的生意，被一群假公济私、罔顾人民利益的政客所把控。青年人群体更加重视生态问题、人权问题、家庭政策和性自由。在经济层面，他们并不相信政治家有能力掌控那些改变世界的力量。毕竟许多人已经认识到，这些力量早已超越了民族国家的层次。既然传统的政治过程已无法保障某些特殊的利益和主张，政治行动者们选择投身于特殊利益集团也就不足为奇了。

75　　倘若民主和积极政府对很多议题已经丧失了影响力，它们是否还能维持得下去？我的答案如下：民主国家所需要的正是对民主本身的深化。我把它称作"民主的民主化"。但今天的民主也必须被看作超越国界的。我们同时需要高于和低于民族国家层次的再民主化。全球化的时代呼唤有全球性的回应，这种回应在政治领域与在其他领域一样不可缺席。

民主的深化势在必行，因为在一个掌权者与公民社会在信息方面日益对称的社会中，古老的政府体制已经难以为继。当然，西方民主政府的公开透明程度远高于其他形式的威权政府。但是民主政府在某些情境下仍然是一个黑匣子。比如，冷战时期英美政府隐匿了多少有关核试验与武器的事实？西方民主体制同样被关系网络、政治献金、幕后交易所腐蚀。掌权者们频繁援引传统的政治符号和权力形式等非民主力量。英国的上议院只是许多这样的例子中的一个罢了。但是，伴随着传统的衰败，昔日许多看

76　起来令人肃然和值得尊敬的东西，可能转瞬间沦为荒谬怪异的无

稽之谈。

在过去这些年中出现铺天盖地的腐败丑闻并非偶然。从日本到法国和德国、从美国到不列颠，腐败案件充斥于新闻报道中。我怀疑民主国家的腐败是不是真的变多了。因为在一个信息开放的社会之中，腐败已愈发难以隐藏，且构成腐败的界限也发生了改变。例如，在英国，校友关系网络在过去只不过是公开接受的潜规则，即便在左翼政党执政时期也是如此。这样的关系网络并没有消失，但过去广泛发生和接受的那些东西在今天已被定义为非法。

民主的民主化在不同的国家将采取不同的形式，这主要依赖于各国具体的背景。但绝不存在哪个已先进到不需要费此周折的国家。民主的民主化意味着有效的权力授权。这一授权在目前来看仍然主要集中在国家层面，比如英国。有效的授权意味着在各个层面对腐败都能进行有效的遏制。

它也意味着宪政改革，以及政治事务更高程度的透明化。同时，我们也应做好试验各种其他备选民主程序的准备，尤其是那些有助于使政治决策更加贴近于公民切身利益的方案。公民陪审、电子投票等方式并不能代替传统的代议制民主，但可以起到有效的补充作用。

77

各个政党则应当学会习惯与单一议题集团——比如生态问题的压力集团——进行合作。有些人认为，当代社会是碎片化的和无组织的，但事实却恰恰相反——人们比以前更多地卷入了各种团体和协会中。在英国，参与到各类志愿团体的公民数量比所有政党的党员数量还要多出 20 倍，在其他国家也大致如此。

　　单一议题集团通常是提出问题的先锋，这些问题在传统政治系统的运作中往往遭到忽视。例如，在英国疯牛病危机暴发之前，大量社会团体和运动已经对食物链的污染发出了警告。

　　另外，民主的民主化也有赖于公民文化的培养。市场经济远不足以培养出此类文化，多元特殊利益集团同样无能为力。我们的社会并非只由两大部门构成——国家与市场或公共领域与私人领域。事实上，在二者之间存在着一个公民社会，它包括家庭等其他非经济组织。培养情感民主是公民文化进步的重要组成部分。公民社会是一个平台，政治宽容等民主价值在其中得到发展。公民社会领域有赖于政府的培养，但反过来又成为民主政府的文化根基。

　　民主的民主化不只是成熟民主体制的事情，它同样有助于欠发达民主体制的发展。以俄罗斯为例，仅仅依靠自上而下的方式绝不足以建立起一个开放民主的社会，还需要通过复兴公民文化来推动自下而上的民主建设。仅仅以市场机制来代替国家管控并不能实现民主建设，哪怕是这种机制已经变得非常稳定。一套运作良好的民主体制恰似一张三脚凳——政府、市场和公民社会之间达成某种平衡。如若其中一方过于强势，后果将不堪设想。苏联政府的触手伸向了社会和个人生活的几乎每个角落，活跃的经济和公民社会则只能被赶尽杀绝。

　　媒体的作用也不可忽视。媒体，尤其是电视媒体，与民主之间存在着一种双重关系：一方面，正如我一再强调的，全球信息社会的出现是推动民主发展的巨大动力；另一方面，电视和其他媒体通过对政治议题进行琐碎和带有偏见的报道从而破坏了他们所开辟的公共对话空间。另外，跨国媒体巨头的发展也意味着非民选的商业大亨将握有巨大的权力。

79

　　对抗这种巨大的权力绝不只是一个国家的政策问题。至关重要的一点是，民主的民主化不能只停留在民族国家层面上。民主政治素来预设着一个国家共同体——一个人民自治的且人民能够影响其大部分政策的共同体。但在全球化的影响下，主权这一概念已经变得模糊。民族和民族国家依旧强大，但正如政治科学家戴维·赫尔德所说的那样，在民族国家与那些影响着其国民生活的全球性力量之间却出现了一个巨大的民主缺口。生态危机、全球经济波动、科技革新等并不关心国家边界的存在，也并不受民主过程的束缚，正如我在前文所论述的，因为民主的吸引力已大大下降。

　　谈论超国家层次的民主似乎有些不太现实。毕竟类似的观点在一百年前就已经被广泛讨论过。在这一百年间，我们所见证的并不是一个和谐的世界，其间发生了两次世界大战，夺走了数以亿计人的生命。

　　今日的情况是否已经不同了？没有人可以确定，但我确信如此。在前几章我也已经给出了原因。相比于一个世纪之前，我们所生活的社会的本质已经发生了改变，世界各个部分之间也已日益相互依赖。当然，硬币的反面是，我们今天所面临的生态危机等全球性问题也变得更加严重。

80

　　超越民族国家层次的民主能够获得怎样的发展呢？我选择重点关注跨国组织。联合国，顾名思义，是由民族国家所组成的一个跨国组织。但至少到目前为止，它很少挑战国家主权，而且其宪章也规定其不能进行挑战。欧盟则不同。我认为欧盟正在缔造一种能够也很可能被其他地区借鉴的模式。欧盟之所以意义重大并不是因为它位于欧洲，而是因为它正在开创一种跨国治理的形式。欧盟并非其支持者或反对者所认为的联邦国家或超级民族国家，也不只是简单的国家联合体，加入欧盟的国家已自愿放弃了部分主权。

今天，欧盟本身还远不民主。许多人调侃道："如果欧盟自己想要申请加入欧盟，它肯定会被拒绝。"在民主方面，欧盟自身并没有达到它对成员国所要求的那种标准。不过总体而言，欧盟的进一步民主化并不存在显著的阻碍，我们也应该尽力推动这一转变。

81　　欧盟的存在有助于我们在全球化的背景下理解民主的一条至关重要的原理——跨国的制度体系不仅有助于促进国与国之间的民主，也有助于促进一国内部的民主。欧洲法庭就是一个很好的例证，这一机构已制定出包括保护人权在内的一系列民主措施，并保证这些措施在各成员国的实施。

环顾 20 世纪末的世界，我们可以为乐观主义者和悲观主义者找出同样多的理由。民主的扩张就是其中的例子。民主好似温室中的花朵。尽管广泛传播，但压迫依旧广泛存在，人权也屡屡遭到嘲弄。在科索沃战争中，成千上万人流离失所，虚伪的制度与法律则被抛弃。在此我想引用一位记者的话："在马其顿有超过50 万饥肠辘辘的难民，没有人知道应当如何喂饱他们……请来帮助我们吧！"这段报道被载于 1922 年 10 月 20 日的《多伦多每日星报》(*Toronto Daily Star*) 上，这位记者的名字叫欧内斯特·海明威（Ernest Hemingway）。

即使有人认为这一系列问题是无解的难题也不奇怪。民主之花只能在被长久耕耘的肥沃土壤上绽放。在缺乏民主历史与经验的地区，民主就好似无根的浮萍。不过，或许这一切都在改变当中。与其认为民主是被肆意蹂躏的易碎花朵，不如笃信它是能够战胜贫瘠的胡杨木。如果我的观点是正确的，民主的扩张必然伴随着全球社会的结构性变革。不劳无获，进一步的民主化是值得为之奋斗并且能够实现的目标。这个逃逸的世界需要更多而非更少的治理——这种治理只能由民主制度来提供。

讲座一　全球化与反全球化 *

弗雷德·哈利迪

女士们，先生们，欢迎各位光临院长讲座系列的第一场。我叫弗雷德·哈利迪（Fred Halliday），来自国际关系系。院长的首次讲座将围绕国际议题展开，实属我们的幸运。我在伦敦政治经济学院（The London School of Economics and Political Science, LSE）工作已经快 20 年了，因此，我能够充分感受到与托尼·吉登斯共事所带来的愉悦和启发。学院现在一共有 17 个系，代表着各自不同的专业。托尼长期以来一直致力于倡导举办类似于今天的讲座和讨论的学术活动，建立不同系科之间的跨学科联系，创造不同专业之间共享的知识氛围。多年来托尼一直致力于研究结构与行动之间的关系，你可能无法改变社会，但你可以改变特定事物。托尼可能不太喜欢我这样评价，但我日常要打交道的老朋友都是一些重要的"结构"，如学术季、学术年、自由社会的准则等。行动也同样非常重要，托尼就是具体的例证，他具有特定的理论立场，并且在三个方面成为重要的行动者。

---

* 本讲座于 2001 年 11 月 7 日在伦敦政治经济学院举行，为吉登斯于 2001 年 11 月至 2002 年 1 月所做的"院长系列讲座"中的第一讲。

第一，他相信教育的重要性。你学习是为了什么？面对我们所创立起来的世界，我们应当如何来进行教育？我们应当如何来面对各种各样的挑战？如此等等，在所有这些方面，教育都有着重要的意义。

第二，领导的重要性。如果你处在一个没有良好领导的环境，你会渴望得到良好的领导；如果你所处的环境管理得力，你也可以感受到好的领导所带来的好处。我可以说，我们学院就是一个具有良善领导的机构。

第三，我曾有一次把托尼带到科威特，在他提交的个人简历中，他说自己是托特汉姆（Tottenham Hotspur）队的热心支持者。观众提出的第一个问题是有关世界贸易组织方面的，但第二个问题马上就与马刺（Spurs）、阿森纳（Arsenal）等球队有关，接下来，科威特的听众似乎都只对英国足球感兴趣。这无疑是结构性规则与行动之间的最好例证，足球队员在赛场上总是面临着这两方面的张力。

无须多言，让我们马上开始第一场讲座。现在请我们的院长托尼·吉登斯为各位演讲。

安东尼·吉登斯

非常感谢。我和弗雷德在某种程度上可谓惺惺相惜。他是LSE 最具学术影响的人物之一，并且的确名副其实，他是国际关系领域最负盛名的学者之一。讲座结束之前他会向我提一些问题，同时还留有几分钟给观众提问，因此我在诚惶诚恐地等候他最后的发问。老实说，他对于 LSE 的重要性远甚于我。无论如何，我都希望我们今天的表现可以相得益彰。

首先，欢迎各位来到今天的讲座，尤其欢迎各位新同学。此前我曾与一两位新生交谈过，希望大家和我一样，认为 LSE 能够启发大家学到更多新的知识，希望各位能够积极参加 LSE 开设的各种学术讲座，毫无疑问，它们代表了社会科学界最佳的知识氛围。

本系列讲座我将举办五场，三场在本学期，两场在下学期。刚才弗雷德说这五场讲座的内容都是有关世界制度（world institutions）的未来，实际上稍有出入，它们是关于一些影响了我们生活的主要制度的未来。今天，我将讨论变动世界社会的一般图景。在下一场讲座，我将讨论全球舞台上的民族国家的未来。第三场讲座，我将讨论全球不平等现象，我们对它有多深的了解，它因为什么而产生，我们应当采取何种对策，等等。第四场讲座则将讨论家庭的未来、全球范围内家庭的变化，它们是一些与大型机构同样重要的变化。最后一场是关于民主的未来，它将在下学期举行。所以，从本周开始我将连续三周在每周三举办讲座，我希望本学期前来听讲的同学下学期能够再度前来。我为各位提供了这几场讲座的阅读书目，公布在 LSE 的网站上，现在已经可以看到了，如果还看不到请告诉我。如果你们希望能够填补这几场讲座的相关知识背景，这份参考书单可以说是非常详尽的了。

今天我讨论的主题是世界秩序的状况。我们如何发展成为今天的状况？世界社会的未来前景如何？在谈到这些问题的时候将不得不提到"9·11事件"，因为这次事件不仅为特定社会带来了全新的局面，而且也极大地影响了整个世界体系。现在，报刊上的评论都说，在纽约和华盛顿的恐怖袭击之后，在"9·11事件"之后，世界将永远不可能再回到从前的格局了。

那么，世界的面貌将从此彻底改变了吗？这一问题似乎具有两种互相矛盾而又截然不同的答案。

对于生活在美国的人来说，世界的确已经永远地改变了，因为美国曾经在世界重大事件面前所展现出的处变不惊、唯我独尊、实力巨大，尤其是其得天独厚的优越性已经一去不复返了。可以肯定，在本世纪接下来的时间里这些都一去不复返了。许多美国人曾经一度拥有的心理感受，那种永远都毫发无损的心理，在可以预见的未来肯定一去不复返了。美国的确出现了新的事件，但是这种新事件不仅仅发生在美国，而且是一种全球现象，如果这些事件的策划者原本就打算把它们设计成影响全球的事件的话，可以说，他们已经达到目的了，我稍后将谈到这一话题。这一事件的后果如何我们还不得而知，因为美国以及世界上其他地区的国家都只是处于游戏的开始而非结束。我们不能肯定这是否意味着暴力冲突形式的重大转变，它可能代表了一系列将改变本世纪剩余时间的信息，因此也将影响到在座大多数人的下半辈子。它可能还象征着各种冲突不再是发生在国家之间，而是转移至在全球网络上运作的各种非国家势力，它们挑起各种暴力行为以追求不同的目标。它可能标志着一次重大的转变，具体如何我们尚无从得知。这种标志在美国则可能体现得更加隐晦，可能意味着美国人或居住在美国的人将持续经历英国曾出现的低级别恐怖主义活动，实际上，在过去几十年里，其他许多国家也发生了类似的现象。例如，"9·11事件"未必会重演，但更多小型的恐怖袭击却可能持续发生，就像相当长一段时期以来英国所发生的许多由各种军事组织所策划的小型暴力事件那样。

因此，世界已经发生了彻底的改变，这具有重要的意义。这里说的是整个世界的改变，而非单纯美国的改变，在未来几十年里，暴力事件的种类将可能发生重大的改变。

第二种答案完全相反，但在某种程度上也更为有力。它认为，世界在许多方面还将维持原状，原因主要有两个方面：第一，在发生了如此重大的事件之后，世界将在某种程度上维持原貌，在当今这一风险四伏的世界里，人们所需要的心理安全感将再次回归。我把这种情况与日常生活中的"常态"（normalcy）加以对比，请原谅我打一个较为平常的比喻。如果你开车时看到路上发生了车祸——我想在座各位中有许多是司机——发现有人陈尸马路，你会怎么办呢？我想你首先会放慢驾驶的速度，你这样做是因为你感受到可能遇到风险。通常来说，你会在心理上尽可能回避风险，作为一名司机你必须这样做。我们突然感到各种各样的风险，它们可能产生于任何社会，不仅种类繁多，而且充斥着各种各样的弱点。但是，从心理层面来说，我们不可能整天生活在一个充斥着风险的环境中，我们会尝试去规避风险。由此出现的情况是，当你慢驶了大约 1 小时后又可能恢复原来的速度。美国和世界其他国家在"9·11事件"以后在一定程度上肯定又会回归正常，当然我们还不知道确切的回归时间，因为我们不知道这起恐怖事件能带来何种长期的后果。

然而，第二个方面显得更为重要，我把它称作9·10因素。在本场讲座和接下来的讲座中，我所探讨的都将是9·10而非

9·11 因素。我的意思是直到 9 月 10 日，世界一直保持着事件发生之前的面目，而引起"9·11 恐怖袭击"的各种影响因素或者说大部分分裂趋势却已悄然形成。要理解为什么会发生"9·11 恐怖袭击"，我们首先要对世界社会所发生的一切进行结构性分析，这正是本次讲座的重点所在。而要进行这一结构性分析，首先必须着重探讨世界全球化给我们的生活所带来的重大影响，探讨有关全球化的讨论所带来的影响，因为这一讨论的重要性霎时间得到了提高。毫无疑问，我们所生活的世界的互相依赖程度是以往任何时代都无可比拟的，而这次袭击在某种意义上则恰好是这种相互依存的体现，因为不同国家已形成了一个彼此卷入其中的庞大网络。

因此，本次讲座将重点讨论我们如何面对全球化之争，在讲座的最后，我会简要回答在讲座开始时所提出的问题。

有关全球化的讨论经历了两个阶段：首先，有关全球化是什么的讨论；其次，有关生活在互相依赖的全球世界意味着什么的讨论。全球化的最简约定义就是相互依赖，生活在全球化的世界里就意味着生活在一个互相依赖的世界里，在世界某个角落所发生的事件可以直接影响到世界的任何地方。

LSE 教授戴维·赫尔德把第一个阶段称为"全球化大讨论"（the great globalization debate）阶段，它大约发生在 20 年前，并且主要局限于学术范围内。这一阶段主要讨论全球化究竟是否存在的问题，它实际上是有关过去二三十年里世界究竟发生了多大改变这一更为深远的讨论。许多人怀疑，与四五十年前或者一百多年前的世界相比，我们今天的世界是否真的就如此差异迥然。

持这种观点的人被称为全球化的怀疑论者。他们认为，尽管有关全球化的讨论如此沸沸扬扬，尽管有关全球化这个词语本身的讨论如此不绝于耳，世界实际上没有发生多少真正的变化。全球怀疑论者说道，如果我们回溯到一百多年前即19世纪的晚期，你会发现那时候已经存在着相当开放的经济体系，已经进行了繁盛的货币交易，已经出现了大量的实物贸易。在这一时期，国家拥有相当开放的边境往来，世界范围内出现了大规模的人口迁徙，就像今天的情况一样。因此，他们说道："现在有什么现象还能称得上是新的？"他们指出，可能有人认为我们的世界已经发生了巨大的改变，我们生活在一个全球化的年代，但是，这种想法是错误的，因为世界并无太多实质性的变化，至多只是回转到19世纪晚期的境况而已。这就是全球化讨论的第一阶段，这一阶段的问题已经得到解决了。戴维·赫尔德、弗雷德·哈利迪及许多其他作者都在其著作中准确地解决了第一阶段的讨论，他们当中许多现在仍任职于LSE。他们明确指出，全球化怀疑论是错误的。也就是说，在过去三十多年里，全球社会的主要制度已经发生了巨大的改变，虽然全球化的现行阶段——即我们当前所处的全球化世界——与19世纪晚期的确具有某些共通性，但是两者的差异远远大于彼此的共同之处。只要你愿意，你可以把19世纪晚期称作首个全球化时代，有些人的确这样形容过这一时期，但两次世界大战终结了这一全球化时代，我想大家都会赞同我们现在生活在第二个全球化时代的说法。

全球化的第二阶段大约已持续了三四十年，尽管孕育这一个阶段的各种趋势比其本身更加长久。第二个全球化时代的存在已经不再受到任何质疑，这是一种更为剧烈和深远的全球化，它影响的不只是世界的部分地区，而是所有的人，同时也更为生机勃勃和瞬息万变，从某种程度而言，其各种制度都衍生于19世纪。因此，20世纪晚期到21世纪早期这段时期肯定不是历史的简单重演，尽管它与过去有着千丝万缕的联系。当然，在这一全球化大讨论的第二阶段，人们开始纷纷涌上街头，发起声势浩大的反全球化运动。首先是在西雅图的世界贸易组织会议期间的示威，接下来这股运动在所有举办世界贸易组织、国际领袖基金会（ILF）和其他世界性组织会议的城市都不断得到延续和壮大。最近一次反全球化示威是在意大利的热那亚，我想大家都会记得警方与示威者之间发生了多么激烈的冲突，瑞典的哥德堡（Goteburg）也发生了类似的运动，这类国际会议召开时所发生的示威运动已经变得相当普遍。

因此，声势浩大的全球化大讨论的第二阶段已不再仅仅局限于学术领域，它很快演化成为世界范围内的政治运动，作为社会科学研究的学生必须理解这一现象。我们有义务站稳立场，辨别正在发生的现象，探讨示威者想得到的东西是否就是我们应该争取的东西。第二阶段的讨论之所以如此重要，是因为它与"9·11事件"有着紧密的联系，是9·11与9·10前后两段历史的汇合点。因为这一讨论的重点是世界的未来，世界将会沿着何种轨道前行，对于这一发展轨道我们又应该施加何种影响。当你仔细观察示威者的行为以及他们所抗议的对象，例如国际货币基金组织（IMF）等世界组织，我们必须注意到以下现象的存在，那就是，尽管有许多人撰写了大量有关全球化的文章，许多人热衷于全球化这一议题的讨论，但人们对于它的真正理解仍然相当贫乏，我不能肯定那些谈论全球化的人是否真正理解了全球化所包含的各种根本而重要的变化。之所以如此，是因为他们当中的大多数人要么是支持全球化的代表，如 IMF 或世界银行，要么是"反对"全球化，他们参加各种反全球化运动，双方都把全球化定义为本质上是一种经济现象，全球市场不断扩展，金融机构的角色日趋加强，世界金融体系对我们的生活发挥着更大的影响。只要多加留意，你就会知道著名的金融家乔治·索罗斯（George Soros），可能大家都知道他毕业于 LSE，也一直很支持 LSE。他最近撰写了一份有关全球化的报告——《索罗斯报告》，这份报告很值得一读，并将在几个月后问世，也可能就在 LSE 举行首发式。但是，索罗斯犯了一个错误，他把全球化仅仅定义为市场的全球化，仅仅定义为一种经济现象。当然，这一观点也并非没有道理，例如在过去 30 年中世界金融市场所发挥的影响，我把这一时期称为全球时代，你肯定也可以感受到全球金融体系在这一时期的影响得到了多大的提升。世界金融市场每天有 2 万亿美元的成交量，这可是一个天文数字，比 30 年前的数字增加了无数倍。

因此，全球贸易的扩张和全球金融体系所发挥的影响都极大地促进了经济的增长。全球经济还是相当区域化的经济，即大多数贸易并非全球范围内的贸易，而是区域内的贸易往来。但全球货币市场的交易却是真正意义上的全球交易，而大多数商品贸易只是在某一区域内部进行，例如欧盟的贸易大多数都在本地区进行。美国贸易中有相当一部分都不是对外贸易，其经济只有 10%是对外贸易，因此，我们所谈论的其实是区域性贸易和地方贸易区，但是它们的发展也极大地加速了全球经济的相互依赖。然而，全球化的一个重要层面在于它同时也是政治和文化的全球化，在我看来，更重要的一点是，全球化的出现得益于通信手段的发展。过去 30 年里，改变我们生活的最大力量不是经济市场，不是国家之间经济的互相依存，而是通信手段进步对我们的影响，尤其是通信革命的出现。通信革命大约始于 20 世纪 60 年代，当时，第一颗通信卫星发射到地球的上空，实现了地球两端信息的即时传送。这种情况一旦发生，更广泛世界中的许多其他现象也随之发生改变，通信技术的发展与电脑的普及化并驾齐驱，这种技术结合使金融市场得以 24 小时不间歇地运转。强调通信技术的影响至为重要，因为即时通信是提高我们互相依存度的媒介，它几乎涵融于万事万物当中。回到"9·11 事件"，它涉及对一些与战争毫无关联的人的屠杀，即使死难者从未参加过任何战争冲突，他们还是难逃恐怖主义的魔掌。因此，"9·11 事件"是令人发指的残忍行径，已经超越了一般的谋杀行为。同时，"9·11 事件"又代表了全球通信中的明显行为。人们通过全球通信手段感受到这次袭击，策划这起袭击的人已经打算利用全球通信手段，让世界上千千万万的人目睹第二架飞机撞击另外一栋大楼的情景，两次撞击的时隔大概是 20 分钟。这是一起全球媒体大事件，象征着我们所生活的世界在通信上已经互相依赖。如果你继续关注相关的进展，本·拉登是如何与外部世界联系的呢？当然通过录像，在录像中他传递了自己的信息，相关消息马上传播到世界各地。本·拉登已经跻身于世界最著名人物的前三甲，这完全得益于我们能够实现即时传递的通信体系。

因此，这就是众多变化背后的原因。这些变化彻底地改变了苏联，因为其指挥结构和经济都不能适应于现代大众通信手段所带来的充满流动性的世界。它接着影响了世界经济，因为对于我们而言，经济的转变在很大程度上受当今任何事物都能在瞬间得到解决这一事实的影响。如果世界变得更为流动不定、生机勃勃和瞬息万变的话，世界经济就不能一味保持着停滞和僵化的状态。

通信所带来的影响非同小可，如果要挑选当今世界发展最重要的驱动力，通信手段的发展当之无愧。但是，全球化不是一种简单的现象，这一点同样重要。如果把全球化当作一个单一的词语来理解，人们就可以要么支持它，要么反对它，但是，全球化是一系列变化的集结。我曾经提到过其中的两点，即经济转型和通信体系的发展，第三种变化则是冷战的结束。前两种变化部分促成了冷战的结束，而后者的结束又推进了这两种变化的发展。冷战结束对世界结构产生了深远的影响，现在阿富汗所面临的境况以及由此所产生的后果都来源于冷战时期所埋下的种子。冷战时期，苏美两国都曾在阿富汗以及世界其他地区大动干戈。所以，我们现在还在慢慢体会生活在两极化的世界将会具有何种意味。因此，全球化相当复杂，这一简单的词语代表着许多纷繁复杂的变化，在究竟是支持还是反对全球化的问题上，你必须很谨慎地表态，更重要的是你要弄清你赞同和反对的分别是这些变化的哪些方面。例如，你可以反对某些形式的自由贸易，但我认为这与你支持或者反对全球化并不是一回事。既然这些变化是如此的繁多复杂，它们所带来的后果也就不可能体现在单一的方面。全球化毫无疑问改变了国家的力量，这将是我下周讲座的主要内容，但与此同时，全球化也使地方主义和地方民族主义的重要性不断凸显，导致我们所生活世界的权力下放和分散显得更为必要。在英国，政府已经把更大的权力让与苏格兰和威尔士，更多类似的举措还将陆续出台。权力下放其实由来已久，因为苏格兰的民族主义分子一直都在致力于争取更多的自治，但是，现阶段的权力下放与全球化的影响存在着密不可分的联系。全球化抽离了民族国家的权力，但与此同时，它又向下推移，迫使政府下放更多的权力。社会学家丹尼尔·贝尔曾说过一句有关这一现象的著名言论：民族国家显得太小而难以解决大的问题，同时，它又显得太大而难以解决小的问题。这句话很好地表达了全球化给民族国家所造成的推拉（pull and push）。

各位可千万不要以为全球化只是一种纯粹的外部力量。许多人在谈论全球化的影响的时候都把它当作一种来自世界某处的外部力量，它对我们产生着影响，无论我们生活在穷国还是富国，都会受到这种外在力量的影响。但事实并非如此，全球化是人们在日常生活中制造出来的。全球化的产生具有不对称性，因为它并没有创造出一个平等的世界。但是，当你们每次登陆 LSE 网站，打开电脑或者使用互联网的时候，你就不仅仅是在回应全球化，而且充当了全球化进程的媒介，因为你所参与的每一件事情都在悄然重塑我们的世界。虽然富国一直在争取引领或者垄断全球化的进程，但全球化绝不仅仅发生在富国，每当赞比亚的一名穷人打开收音机收听 BBC 广播或任何其他电台的节目的时候，他不仅体验了全球化进程，而且亲自参与了更为广泛的全球化进程。因此，全球化是一种辩证的现象，这就回到了弗雷德在讲座开始时提到的行动问题，我们都是这一过程的行动者，同时我们又受这一过程的影响，我们的生活遭到了彻底的改变。

因此，我把全球化定义为世界社会各种基本制度的变化，这也是本系列讲座将会涉及的主题，内容涵盖从家庭到经济生活、国家主权和文化生活的本质，以及我先前提到的这些制度赖以存在的更为广泛的全球社会等。这是一系列沧桑巨变，很难让我们从感情层面、个人层面或学术层面做出分析。但是，作为学术研究人员，你又必须在世界面貌究竟如何和这种世界究竟会带来何种影响等研究中处于风口浪尖的位置。

如果回头看看示威运动，我们应该如何分析这一系列反全球化的运动，它有什么目标，给我们可能带来什么样的影响？首先要明确一点，基于我提到过的原因，反全球化运动并没有脱离全球化这一过程。反对全球化的人可能会认为，因为自己反对全球化，所以在某种程度上是远离这一过程的，但事实并非如此。反全球化运动可以更为精确地被定义为全球化过程的一部分。因为我们都知道，在街上聚集的示威者都使用各种先进的通信技术，他们利用互联网、手机和其他各种通信设备，这正好是全球化现象的反映，当然，他们也在全球扩展自己的信息。这些街头示威者不仅仅是在当地示威，他们的抗议也是全球性的，他们当然也非常清楚并利用了他们的抗议情景会被即时传播到世界各地这一事实，因此在纽约和华盛顿发生的恐怖袭击其实是具有全球影响的全球性事件。我们谈论的焦点是全球化的两面性，而非人们处于全球化内部还是置身事外的事实，全球化的两面性一方面是从上至下的全球化，基本上受国家政治措施的引领，例如政策的制定权下放，还受到各种集团行为的引领和其他相关媒介事物的影响。另一方面，来源于下层的全球化则特别受非政府架构——例如各种非政治组织及其他国内社会团体——行为的影响。从下至上的全球化对于我们理解全球化的真正定义也相当重要，因为世界各地的非政府组织的数目在不断增多，它们在稳步实现着自身的目标。

人们眼中的大型企业全都具有全球性目标，其实大型非政府组织也一样，例如乐施会、绿色和平组织等，它们都是真正意义的全球性组织。现在大约有3万个非政府组织在世界各地活动，而30年前只有几百个。因此，全球相互依赖可以体现在两方面或两种架构中，它们都与示威抗议活动存在着相互影响。

虽然走上街头示威的人林林总总，他们参与反全球化运动时也怀有各种不同的目标，相当一部分群体具有极为不同的目标。例如，一些极左派组织也在某种程度上参与了反全球化运动，他们希望推翻资本主义经济体系，即使自己也不知道有哪种制度可以取而代之。但是，大多数示威人士都以和平的方式表达自己的诉求，他们实际上来自非政府部门，非政府组织成为几乎所有反全球化游行的中坚力量，这些抗议活动并未导致暴力，而且还向我们传达了强烈的信息。那么，他们究竟是在抗议什么呢？

从某种审慎的角度出发（among the more sober side），反全球化运动包括了三种因素，它们都对我们存在着直接的影响，无论我们同意这些反全球化运动与否。

首先，反全球化者认为，全球化本质上是一种西方现象，即被西方国家的利益尤其是美国的利益所主宰，世界其他国家未能真正分享全球化的成果，因此，全球化只为世界 1/5 的地方带来实惠，却把其余 4/5 的国家排除在外。我认为这种想法尽管不正确，但却是一个实际有待解决的问题，因为正在崛起的世界社会如"冷战"时期一样充满了明显的全球不平衡现象。如果我们试图在全球范围内建立一个更加公正和平等的社会，那么，这种权力不平衡现象就不能也不应该得到容忍，我在接下来的讲座中还会谈到这一点。

其次，反全球化者认为，大型集团拥有过大的影响力。因为受市场和放松经济管制理念的影响，那些并非经过人民选举出来的大集团拥有庞大的权力，这不仅影响了世界经济的发展，而且影响了我们的日常生活，反全球化者如是说。然而，这些大型集团是由谁选举出来的呢？没有谁选举过它们，但从目前情况来看，它们似乎决定了许多本应由公共领域、民主政治领域来决定的事情，我们所有人本来可以在这些事情上发挥更大作用以捍卫自身的利益和讨论政策议题。

这一主张应该得到重视，一个良好的社会不应该由市场的利益所主宰，一个良好的社会不应该让集团的力量无限滋长，进而以不合法的方式影响民主决策。过多受市场左右的社会是不稳定的，反复无常的，也会是不平等的；如果市场势力过于强大，我们的生活将被商品化。我们必须捍卫生活的各个方面，例如健康、教育方面的价值，或者城市社区的一些文明传统，我们不能让这些东西也被商品化了。但是，商品化能够（虽然并非一定）成为作为具有公民意识的人所应该具有的价值观的敌人。我们不应该把消费者权力等同于公民身份，不应该把在超级市场的货架旁边闲逛的权利视为民主社会中民主政策下的公民权利的体现。我们应该追求公共领域的回归，我接下来将谈到这一点。

最后，第三个方面，示威者惊呼世界不平等现象的严重。他们说道，全球化不仅仅体现在世界发达的行业部门之中，而且还体现在为富裕国家所带来的实惠上。富国通过牺牲穷国的利益来追求自身的利益。发展中国家大体上被排斥在全球化进程之外，全球化影响下的世界充满了贫富不平等，这就是为什么我们要尽力去扭转这种趋势，这就是为什么我们要力挽狂澜，遏止情况恶化的原因。我会在第三场系列讲座当中再谈及这一话题，反全球化者提出了这些严肃的问题，我并不同意他们的所有观点，但是我们必须好好分析他们所提出的问题，这也是在接下来的讨论中我们所要做的事情。

好，现在把时间交给弗雷德，他将会向我提问，如果各位能待在这里至少到两点，我也可以回答观众一到两个问题。

弗雷德·哈利迪

有一条非常重要的守则是永远不要诘问你的上司，但今天我却想尝试一下。托尼，我十分赞同你刚才所提出的观点，即我们在思考 9 月 11 日的恐怖袭击时，也应该考虑 9 月 10 日就已经存在的现象，尤其是一些正在发生的问题，例如全球不平等。今天出版的《金融时报》上刊登了一篇马丁·沃尔夫（Martin Woolf）的美文。他说道，发达国家的人们就像是开着一辆加长型豪华轿车，他们带着一些安全保卫装备驶入了一个贫穷落后的地区，但实际上这辆轿车并没有能够保护他们免受车窗外的风险，因为车窗在 9 月 11 日被砸碎了，情况就变成这样的了。同时，这也让我们更为积极地去思考一个问题，即战争是在什么时候开始的？是在 10 月 7 日轰炸阿富汗的时候，还是在"9·11 恐怖袭击"发生之后？抑或如本·拉登所言战争其实在许多年前——大约 80 年前——就已经开始了？换言之，这种敌对关系并不是只有到 9 月 11 日才开始，我们只需回顾一下 20 世纪 90 年代的一些军事行动就可以明白这一点。

我想向你提出以下两方面的问题。从我自己的专业即国际关系的角度出发，没有安全保障全球化就不能进行下去。9·10 幻觉其实是指原来人们所认为的公海稳定、公民安全、财产安全、世界和平等，认为这一切都将延续下去。因此，全球化意味着自由主义的国际化议程将可以安然无恙地继续发展下去，包括贸易、移民、高等教育等。难道我们不应该首先考察全球化的安全基础是什么，以及我们所谈论的其他事物的安全基础是什么吗？例如我们现在很担心旅行，因为它现在已经不再安全了。有一天我去附近的圣斯伯利（Sainsbury）购物，有几位俄罗斯人在挑选英国奶酪，他们不停地问："3 号切达（Chaddar）干酪是什么？5 号切达干酪又是什么？"我走上去和他们聊了起来，原来他们都是律师。我问道："在你们眼中英国的律师如何？"答曰："平庸之辈。"我问及原因，一位律师说："他们都没有读过霍布斯的作品。"也就是说英国律师没有阅读过托马斯·霍布斯的作品。换言之，英国律师毫不关心国际安全问题。那么，我想知道就你所理解的全球化以及随全球化而来的会有什么安全问题，还有谁能在全球化过程中解决安全的问题，因为它已不能由全球文明社会来解决，也不是由跨国公司来解决，更轮不到 LSE 来插手，除非我的理解有误，否则它只能是由各个国家，尤其是更为强大和强硬的国家来解决，这是个由来已久的问题。

安东尼·吉登斯

我将依次回答你提出的两个问题。

第一个问题包含了某种严肃的因素，我希望 LSE 能就此贡献一点绵薄之力，因为要取得安全和稳定，我们的世界首先必须是世界主义的，即我们需要善于表达世界主义理念的人们，需要能够引领世界继续前进的人们，这是 LSE 的办学宗旨。我想 LSE 存在的意义也在于此，我们的听众来自五湖四海，这很好地表达了这样一种世界主义的理念。

除此之外，保障安全是一个相当棘手的问题。但在我看来——我想你至少会在某种程度上同意——国际关系的结构已经在我们所谈论的这个年代里发生了巨大的变化。因此，在世界某些地区，国家之间的传统战争尽管还有可能发生，例如印度和巴基斯坦，远东某些地方的形势也剑拔弩张，而且还孕育了核战争的可能，但是对于世界大部分地区而言，暴力结构的确发生了改变，在这些纷繁复杂的结构中，暴力更表现为地方性冲突，尤其是种族或者宗教冲突，就像我们在前南斯拉夫地区或在世界其他地区所看到的那样，它们往往非常难以解决。这种冲突一旦发生，其影响往往很难加以控制，因为它们影响了我们的安全，就像你刚刚提到的那样，它们虽然发生在局部地区，却比传统国家的战争具有更大的国际性影响。LSE 的另一名学者玛丽·柯道尔和你本人都在这方面撰写了不少见解深刻的著作。它们与新型的暴力网络纠结在一起，即全球化也促成了新式的全球暴力网络。两天前我刚从美国回来，我在那里阅读了罗伯特·李普顿（Robert Lipton）所写的一本关于日本某个邪教的书，这个教派曾经在日本地铁里施放毒气，他的分析指出，这个宗教派别的结构与世界许多原教旨主义运动非常相似，它们具有非常类似的特征，都包括一名宗教领袖，都倡导例如是非黑白或者善恶之间的明确界线，都招募非常年轻通常是边缘青年加入其组织。

正因为面临着这些新型暴力组织，我们需要想出一些新的方式，绝不能依靠传统方式来保障世界安全。但我相信，我们处于一个互相依赖的世界，我们无法扭转全球化的某些固有特征，无法倒转自由贸易，否则就将犯下错误。我们需要做的是为贸易参与者提供平等的环境，而不是完全阻止自由贸易，我并不认为我们可以扭转已经出现的互相依赖的趋势。因此，在我看来，我们必须寻找更多的办法来处理这些安全议题，解决方案也将会是全新的。

弗雷德·哈利迪

我的第二个问题是，你刚才谈到了全球公民社会。我在拜读你的作品时有时候会有这样一种感觉——玛丽·柯道尔和戴维·赫尔德在其作品中也有类似的表示——你的观点过于天真和单纯，你过于相信公民社会，你并没有充分提及这样的问题，例如："公民社会应该具有何种责任？非政府组织应该对谁负责？它们在多大程度上提出了现实的替代方案？我们的公民社会在多大程度上摆脱了狭隘宗教主义的、非自由的、原教旨主义的、歧视女性的组织或者其他类似的群体?"国内外的各种声音都说要给公民社会以更多的空间，但是我们不能保证公民社会能秉承自由的国际价值，因为许多人都属于不怀好意和偏执的人，许多人实际上都被国家甚至是黑手党所操控，我们不能在世界各地推广公民社会，因为世途险恶。

安东尼·吉登斯

大家都在翘首以待我的答案，先声明问答并没有经过事先策划，我向各位保证我不知道他要问什么，但是如果各位想知道答案，请记住下个学期来听著名思想家乌尔里希·贝克在 LSE 的讲座，他时常主讲相关的公共讲座，其中精辟地阐述了相关观点。玛丽·柯道尔和戴维·赫尔德在公民社会方面比我有更多的著作。但是，公民社会产生了贝克笔下所谓的"丑陋的公民"。丑陋的公民是那些滥用民主权利和民主程序的人，公民社会的发展恰恰造就了各种各样的丑陋的公民。例如，一些争取权利的极端组织使用互联网来达到他们的目的。因此，你绝不能说公民社会发挥的作用是完全良性的。

民主权利的议题非常重要，我在这点上与你的意见一致。非政府组织和大型集团一样都不是经由人民选举产生的。因此，不能让非政府机构主宰了本应该由正统的民主政治所统治的世界，其中一个非常重要的原因就是非政府组织代表了不同的群体，有些群体不怀好意，正如你刚才提到的一样，非政府组织也是特殊的利益群体，必须协调这些不同利益群体的不同诉求，唯一能够担当这种责任的主体就是民主政府。因此,民主政治体系之下的民主政府和公民身份仍然是我们处理相关议题的核心所在。

问题一

我完全赞同您所说的,现在的问题不是我们是否卷入了全球化当中,而是需要认清全球化这一过程,这一过程相当纷繁复杂。但是,您似乎认为人们对于全球化的感受是一致的。同时您也提到,全球化进程中有许多行动者,他们以不同的方式体验着全球化,也以不同的方式影响着全球化。但是,我不认为我们在座的各位对于全球化的感受会和在赞比亚收听电台的人所体验到的全球化一样。

安东尼·吉登斯

这是毫无疑问的。可能是我自己没有说清楚,因为你刚才所说的正是我想表达的真实情况。因此,我们要学会解析全球化这一词语。这就是为什么单单说支持还是反对全球化是毫无意义的。全球化意味着一系列变化,许多变化在过去 30 年里以不同的方式影响着世界不同地区的人口,有时候这种影响使他们之间的差异更加明显。例如,有时候加强了贫富之间的差距,其他一些时候则可能弥合了这种差距。例如,有些国家比过去变得更富裕(如东亚国家),全球化并不是一个统一的排斥过程。因此,你刚刚提到的观点是正确的,即全球化不是一个单一的过程,而是一种拥有各种不同的诱因,拥有各种极为不同后果的现象,它影响着世界各地不同的人口。但是,更为重要的一点是,没有人能够被排除在这一过程之外。赞比亚的农民也比过去更进一步地融入了全球化。因此，例如，无论我们是否乐意，阿根廷经济的变化都能影响我们所有的人，无论你是来自富国还是穷国。

问题二

托尼·布莱尔最近在卡地夫（Cardiff）谈到原教旨主义对我们这个（全球）世界的威胁时指出，人们越发憎恶当今这一颓废（decadent）的世界。您认为一个"颓废"的世界应该如何定义，现在的世界是否真是这样，如果的确如此，我们处于这样的世界是不是一件相当糟糕的事情？

安东尼·吉登斯

这个问题相当不错。不，我不认为我们现在的世界是颓废的。英国拥有相当成熟的民主制度，与大多数西方国家的民主制度相比，英国的民主制度长期以来历尽风雨而岿然不动。许多西方国家都曾经受法西斯主义的统治。英国的民主制度倡导宽容、开放、信息交流以及开放地讨论各种议题。这些价值理念属于西方价值观的一部分，可以普及到世界的其他地方，例如自由开放的民主讨论以及其他放之四海而皆准的理念。但这并不等于说我们的社会能够妥善地解决所有有关价值和伦理的问题，我承认在某些方面我们的社会并没有很好地解决相关的问题，但我不会用"颓废"来形容我们的社会，因为这个词语承载了大量的文化内涵。然而，我们的社会的确需要填补许多伦理空缺，这些空缺有些体现在政治领域，有些则体现在个人领域。例如，在谈到婚姻、家庭以及两性关系的时候，如果不能把各种伦理关系重新带入我们的生活空间当中，人们的个人生活将会出现严重的道德危机。然而，答案并不是要回到原教旨主义，更不是要死守僵化的、禁止开放性讨论的信仰体系，这绝不是出路。因此，必须把民主对话作为基础，英国和世界上许多其他国家都在很大程度上拓展了民主，这是可以推广和普及的价值观，因为我们的社会绝不是一种颓废的社会。

讲座二　新式恐怖主义 *

　　讲座开始我先引领大家回顾我曾在第一场讲座中提到生活在全球化时代究竟意味着什么的问题。我对全球化怀着一种与大多数人相左的观点，这种观点差异主要体现在以下两方面：首先，绝大多数作者都倾向于把全球化与世界各地市场的扩张、贸易的扩张相等同。对于我而言，这只是世界风云变幻中的沧海一粟，全球化远不止于此，你必须接纳包括全球化和全球时代理念在内的各种理念。其次，我认为，今天大多数作家都持有一种错误的观点，他们把全球化看作只发生在工业国家的现象。全球化似乎可以代表国际社会所发生的一切，同时也发生在发展中国家。我在这几场讲座里已反复讲到，全球化影响和改变了工业国家以及我们所处社会的本质，其中一个主要原因在于，在我看来，全球化和全球时代的主要驱动力并不是市场，而是通信和媒体。这意味着我们现在享有的通信技术所带来的即时性，让我们拥有与生活在以往时代的人们截然不同的经历，这是在过去三十多年里才出现的进步，也是我们社会结构的一个崭新特征。我今天将着重

　　* 本讲座于 2004 年 11 月 10 日在伦敦政治经济学院举行，为吉登斯所主讲的"世界社会的未来"中的第四讲。

阐述与全球化紧密相关的新式恐怖主义，以及它对我们生活所造成的影响。

回想一下美国大选。在大选前不久，奥萨马·本·拉登录制了一盒录像带，在选举过程中发挥了我们说不清的某种影响。我想你很难找到以前有哪次大选与这次类似，各大报纸的许多评论员纷纷猜测拉登究竟希望谁能当选。他支持布什还是支持克里？双方都拥有各自的理由。

不仅如此，不知道在座有多少人看过拉登的录像或阅读过他的讲话，但非常有趣的现象是拉登的言辞表明他已经看过电影《华氏911》（*Fahrenheit 9/11*）了，因为他的讲话包括了电影中的一句对白。你们有多少人看过《华氏911》？还真不少。我印象最深刻的一幕是乔治·布什在一间课室里津津有味地听着一个有关山羊的故事，他大概在那里待了4分半钟，正是在同一时刻，美国的双子塔被袭击。拉登在录像带里说道：这样的国家领导人算哪门子领导人，国家正遭受威胁，自己却在课室里被一头山羊的故事给迷住了！

我所谈到的关系的即时性里面包含了一些特别之处。这绝非专属于政治的议题，而是切实发生在我们日常生活里的事情，我在第一场讲座中已经把它称作"日常文化冲击"。日常文化冲击并非总是带来冲击的感觉，而是意味着每天不同文化类型的互相接触，不同的文化不再存在于遥远的地方，它们以许许多多不同的面貌紧密地存在于我们的周围。想想刚刚发生在荷兰的记者被残酷杀害的事件。该记者强烈谴责了他所看到的伊斯兰教中的压迫现象（intolerance），自己却遭到残酷的灭顶之灾。由此可以联想到伊拉克战争所带来的绑架和谋杀事件，这些事件发生时可能部分仍不为人所知，但它们冥冥之中似乎存在着某种联系。日常文化冲击与我们的生活息息相关，对我们的决定、我们的生活甚至是当今西方社会的政治过程具有非常大的影响。

我们不再需要远涉世界其他地方去感受别的文化，也不可能在世界发生的种种问题之外独善其身，这些问题会自己找上门来。如果这些问题没有得到妥善的应对，我们就可能要承受其中的后果。大家还记得"9·11事件"吧，这可能是最好也是最有力的一个例证，因为这是自200年前英国攻打华盛顿以来美国本土首次受到的实质性打击。美国境内似乎是安全的，远离了它所支持的一些世界主要冲突，当然也包括美国在冷战时期所参与的一些对立在内。这些冲突似乎从来没有在美国本土发生过。当然美国面临着长期的核战争威胁，导弹也可能随时会袭击美国，但是这次恐怖袭击的确粉碎了美国民众的安全感和美国的地理完整性。欧洲人仍然没有弄清应该如何去捕捉"9·11事件"对于美国人的心理究竟产生了何种巨大的冲击，毫无疑问，事件带来的影响之一就是让布什连任美国总统，不管结果是好是坏。因此，这场讲座的主题之一就是要探讨通信与暴力的内在联系，正如这数场系列讲座的整体主题是通信的影响以及它为我们生活所带来的转变那样。

如果要考究"恐怖主义"的词源，首先必须考察这个词语是否具有一种合理而客观的社会科学含义，我想这一点非常重要。"恐怖主义"一词似乎来源于法国大革命，这一过程出现了革命的恐怖。但恐怖这一词语并不是由革命分子所首创，而是由反革命分子发明的。鄙视法国大革命及其象征意义的人认为，革命所引起的持续不断的流血冲突把民众"恐怖化"了，所以"恐怖"一词似乎是那一个时期新创的。你当然也可以说通过暴力令民众感到恐怖的现象由来已久，只需回顾古代文明的历史，我们就可以知道当一支军队入侵某个敌方城市时，他们往往把整个城市夷为平地，把城市里的男女老幼通通杀害。这种例子在传统文明里绝非难得一见的现象，里面活脱脱地反映了"恐怖"二字。其中的深刻内涵不仅仅是让军队进驻敌方的城市，而是意图在其他城市的民众之间制造恐怖气氛，向他们表明恐怖能够意味着什么。当然，恐怖也可以是把在英国城郊砍下的人的头颅挂在长枪上。令人吃惊的是，直到欧洲晚近的历史时期，诸如此类的事情实在是司空见惯。因此，通过使用暴力来威慑民众尤其平民百姓是一种相当古老的现象。但是，恐怖本身是一个新的词语。接下来我还将讨论，今天出现的恐怖主义实际上还是一种新的现象，我们现在所说的"恐怖主义"即使与法国大革命相比，也是一种更为新近的事物。

"恐怖主义"概念并不是随"恐怖"一词的产生而产生。只有到 20 世纪早期，恐怖主义一词才开始得到广泛的使用。当一个相当晚近的词语得到非常广泛的应用时，通常是因为该词所指的现象发生了变化。我稍后将解释为什么我认为恐怖主义理念和恐怖主义现象从某种现代含义上说是一个相对晚近的词语，我还将讲到我所说的新式恐怖主义或者新恐怖主义实际上也是一种非常晚近的现象，并将解释它们如何与我先前提到的全球化现象关联在一起。

这一问题可以引发两点思考。恐怖主义能否成为社会科学家眼中一个有用的概念，即能否以一种合理而客观的方式来使用这一词语。首先是道德考量方面的问题。众所周知，对于某个被看作恐怖分子的人可能在另一个人的心目中却是为自由而奋斗的战士，而在第三者眼里可能又成为恐怖分子。因此，同样的事物可能存在着不同的内涵。显而易见，恐怖主义者在某种程度上可能会用与实行恐怖袭击同样剧烈的情感来谴责恐怖现象。例如，在以色列早期的历史中，一些居留地曾经受到恐怖行径的袭击，但时至今日，以色列领导层也宣布对恐怖作战，把恐怖现象和恐怖分子视为头号敌人。

其次是国家的角色。有观点认为，丧生于国家机器之下的人的数量远远大于丧生于其他类型的组织的数量。能否因此就推断国家也在实行某种恐怖主义？国家曾经残酷地杀戮了许多生命，包括普通平民的生命。我的意思是说，现代国家实施了某种类似于传统文明国家的屠城行为。几周前，英国女王访问德国，德累斯顿（Dresden）的往事又被提起。德累斯顿曾经被轰炸，数以千计的人死于非命，从某种意义上说，这一城市已经成为断壁残垣。在许多历史学家看来，德累斯顿在那个战争年代并不具有多大的战略重要性，因此这次轰炸完全是一种恶意的行为。当然，在同盟国行径的批评者看来，这是一次使众多人死于非命的事件，目的是要在德国社会造成更大的恐慌。

因此，要获得一种客观的定义是相当困难的，因为它引起了各种我无法一一道来的问题。我这里只能提供一种相当教条式的恐怖主义概念，因为在我看来，在对这个问题细加考量之后，你可以给恐怖主义下一个相当客观的定义。我会马上给出这种定义，它是一股影响我们当今生活的重要力量，与发生在其他背景下的暴力事件相比截然不同。

现在提出我有关恐怖主义的定义，这一定义必须包括如下几种要素。在我看来，恐怖主义首先应该与国家的活动区别开来。在某些情况下，人们可能使用"国家恐怖主义"词汇，但是我将把这类国家行为与接下来将要描述的恐怖主义加以区别对待：一是恐怖主义涉及暴力行为和暴力的具体使用；二是它是由非国家机构执行的，它们可能是各种准战斗组织或其他组织，通常以平民或非军事目标作为袭击对象，尤其是以普通民众或者其他非战斗人员作为目标；更为重要的一点是，它所采用的暴力通常具有象征性意义，而非战略性意义，因为恐怖主义的目的是要恐吓，在以普通民众为主的目标群体中扩散恐惧感和焦虑感。因此，恐怖主义的主要特征是：由非国家行动者所实施的暴力，主要针对平民或非战斗人员，象征性的暴力目的而非满足军事战略的目的。但是，与其他概念一样，恐怖主义也是一个模糊的概念，任何定义对于该词的真正所指多多少少会有些出入。

我想证明刚才所说的那种恐怖主义是一种特定的现代现象。因此，我将把它与早期历史上发生的、为了起威慑作用的暴力行径区分开来。我之所以从这一意义出发把恐怖主义视为一种相对现代的现象，是因为恐怖主义与各种通信手段联系在一起。如果要在大范围的民众中产生威慑作用，就必须能够迅速把暴力的信息传递到受影响的民众中间。因此，在我看来，恐怖主义高度依赖于现代通信手段的崛起，正是通信令其变得可能。正如我早先

提到的那样，现代通信手段的崛起基本发生在 19 世纪末期，电报
的发明让我们可以跨越时空的限制。一旦拥有了这种手段，恐怖
主义的暴力行为就可以对远距离的受众产生威慑作用，而不仅仅
是暴力发生地的民众才能感受到事件的威力。

　　不知道大家对于通信手段和相关地理的历史有多了解，这是
非常重要的一点。在电报发明之前，新闻或信息的传递需要相当
长的时间。在 19 世纪中期以前，如果要对某件事情的发展过程或
者某一暴力事件施加即时的影响是不太可能的。即使是在 19 世纪
的转折时期，和平协议达成之后还会发生零零星星的战斗，因为
前线的军队需要一段时间才能收到和平的消息，才能意识到战争
实际上已经结束了。例如，美国内战时期的一次重大战役是在内
战已经正式结束两星期后才发生的，那个时代的通信能力由此可
见一斑。因此我认为，恐怖是一种希望对远距离的民众产生威慑
作用的现象，它得益于现代大众通信手段尤其是电子通信手段的
创造。因此，恐怖理所当然地与我在先前几场讲座所提到过的惊
人的转变密切相连，我稍后还会继续就这点做出补充。

　　这场讲座的一个核心内容是要学会区分新式和旧式恐怖主
义。旧式恐怖主义在 20 世纪早期就已经存在了六七十年，甚至是
八十年之久，它今天仍旧存在，而且特征明显。旧式恐怖主义大
致随着民族主义的崛起而产生，并且在某种程度上一直伴随着民
族建立这一人为的过程。关于民族主义及其起源总有五花八门的
说法，但我同意厄尔斯特·盖尔纳（Ernest Gellner）的观点，把
民族主义看作现代性的创造之一。虽然在更早时期也有类似的苗
头出现，但这是 18 世纪晚期才真正出现的现象。安东尼·史密斯

（Anthony Smith）曾在 LSE 强烈反驳过这一点，他认为这种现象可以追溯到更加久远的历史时期，但我想这更多的是一种现代的现象。关于民族、主权完整以及与民族认同密切相关的领土界限等充满神秘性质的理念的兴起都是较为现代的事情。现在，几乎所有国家的领土界限都是以某种武断的方式界定的，要么是由西方殖民势力在地图上用线条标识的，如非洲和亚洲，要么是通过战争征服来决定的。举英国为例，英国具有完整的领土，但历史上也充满了由此产生的纷争。苏格兰经历了数场战争，最后通过《1801 合并法》（Act of Union）*才统一到不列颠之下。威尔士则从未真正融入更广泛的不列颠社会，威尔士人在某种程度上更认为自己是被征服的人民。爱尔兰则更加不安，对于英国来说，它是一个关键的地域，因为它从未放弃争取独立的民族认同。我所说的历史事实至少可以追溯到 19 世纪中叶。

　　接下来是补丁型民族（patchwork nation），这些民族在某种意义上都建立在武力的基础上，类似于一块块的补丁。我们可以列举许多例子，政治学的学生有时会把它们称作"未建立国家的民族"。未建立国家的民族具有共同的文化认同，具有民族的本质特点，但没有领土界限，没有国家通常所具有的国家机构。大多旧式恐怖主义与这些民族密切相关，这种恐怖主义往往是要在这些没有为民族性国家机构所管辖的领土区域建立起国家。例如北爱尔兰，北爱尔兰的一支武装力量就是这样，欧洲的巴斯克武装力量以及其他与民族认同密切相关的暴力形式也是其中的例子。

---

　　* 1801 年英国议会通过的法案，规定英格兰、苏格兰、威尔士根据宪法合并成大不列颠王国。——译者注

例如在克什米尔地区以及其他许多地区，纷争的重点就是国家形成过程中的领土完整和认同。恐怖分子往往希望在一个现存的国家里建立独立的国家，而现存的国家已经宣称对整个领土面积具有统治权，恐怖分子则要通过使用暴力来达到这一目标。

旧式恐怖主义基本上具有地域的限制，因为其目标具有很强的地域性。它旨在于特定的民族区域内建立起国家，一旦国家建立，恐怖主义者往往成为英雄，一度被贬为恐怖主义者的人成为新生国家的领导人，并且成为具有高度责任感的、能带领新生国家前进的政治家。

今天，尤其是在近几年，旧式恐怖主义已经囊括了更多国际的因素。例如，利比亚、叙利亚、其他一些东欧国家或者美国的一些群体都纷纷支持爱尔兰共和军，巴斯克恐怖分子在某种意义上也被国际化了。因此，不能说旧式恐怖主义完全是针对个别地区而言的，但从整体而言，它具有地域的限制，其目标也是根据地域而制定的，虽然可能得到国际上的广泛支持，包括从其他地区不断运输武器和药品到这个地区以支持其军事行动等。旧式恐怖主义的目标高度锁定在某一地区，通常其引发的暴力也相对有限。许多人因为北爱尔兰的冲突而丧生，但是因为丧生的人口数量——包括英军的数量——实际上少于每年死于路面交通意外的人口数量，因此尽管有相当数目的人因为冲突而受伤或者死亡，暴力的级别从未出现过剧烈的提升。这就是旧式恐怖主义的特征，因为它的目标相对有限，暴力本身的规模也相对有限。尽管如此，它还是非常令人恐惧，因为它完全针对无辜的平民百姓。

正如英国在北爱尔兰多年的挫折所表明的那样，旧式恐怖主义很难被击垮，因为民族认同所带来的道德责任感在其中得到了充分的体现。民族认同包含了巨大的动力，它能够让独立运动的参与者为没有国家的民族建立起国家。但是，当冲突各方都对同一片领土或者土地宣称拥有所有权的时候，和解就非常难以达成。北爱尔兰的情况就是这样，很难达成解决的方案，因为相关各方的目标完全不一致：一方想成为英国的一部分，另外一方则希望成为爱尔兰的一部分。以色列的情况也不例外，许多中立的观察家认为，以巴双方都对它们占领的土地拥有合法的统治权，这导致双方在这一点上产生激烈的争执。该问题难就难在冲突双方在同一片国土上形成激烈的冲突，不仅仅尝试在没有国家、没有签订附带条款（subsidiary claims）的地方建立国家，例如在巴斯克，他们所发起的运动更像要求得到除自治以外的更多的东西。

无论根除旧式的暴力有多么困难，我都认为对旧式恐怖主义和新式恐怖主义做出基本的划分相当重要。我们可以把旧式恐怖主义归结为 20 世纪及以前的恐怖主义，而把新式恐怖主义基本看作全球化时代才出现的恐怖主义。因为后者采用了先进的通信技术，在全球不断扩展，为基地组织等锻造了全球化时代的新特色。当然，新式恐怖组织的例子远远不止基地组织一个。

现在向大家谈谈所谓新式恐怖主义的主要特征。第一，新式恐怖主义在预期目标上与旧式恐怖主义不同。基地组织世界观的显著特征之一就是具有地缘政治目标，它希望能够重构世界社会。基地组织领导下的部分追随者希望能够重构伊斯兰社会，建立一个从巴基斯坦一直延伸到欧洲的统治地带，从而对中东地区的政局变更产生影响。基地组织的成立要旨不仅在于改变沙特阿拉伯的统治，而且要在整个中东地区建立强有力的伊斯兰统治。该组织还打算重新统治北非，其网站上的信息甚至表示要重新征服欧洲。基地组织重溯历史的渊源，表示几千年以来，西方国家已经把伊斯兰群体驱逐出它们合法拥有的土地，这不仅包括例如巴尔干地区，而且还包括大半个西班牙，因为西班牙有一半领土曾经在相当长时期是由摩尔人统治的。我们现在所看到的欧洲原来也在伊斯兰的统治之下，或者由奥斯曼帝国所统治，或者在北非的统治之下。基地组织因此希望在这些地区重建伊斯兰的全球统治。

因此，旧式恐怖主义是地域性的，是与特定国家联系在一起的，而且这些国家还通常是小国。新式恐怖主义的目标是全球性的，具有地缘政治的意义。它旨在逆转世界统治的潮流。基地组织和其他类似组织的一个有趣特点就是现代主义者反对反现代主义（modernist anti-modernism），因为新式恐怖主义组织充分利用现代通信手段。他们虽然充分利用了现代通信，但却不失时机地批评现代发展，希望扭转现代化进程，扭转它们眼中所谓的这种源自西方的腐败的社会类型，因为它们认为西方社会已经丧失了一个真正社会所应该拥有的道德指南针（moral compass）。

第二，如果说第一个特征体现在目标和意图上，体现在地缘政治的范围上的话，第二个特征则体现在组织架构上。伦敦政治经济学院全球治理研究中心负责人玛丽·卡尔多（Mary Kaldor）曾相当有趣地指出新式恐怖组织与非政府组织之间的相似性。我认为她对新式恐怖组织的评价相当贴切。基地组织就像一种恶性的非政府组织，因为它像 NGO 一样采取了全球化的组织形式。两者都受某种使命感和承诺感的驱动，大家不应该把两者之间的类比越拉越近，这里只是在组织架构上对它们做一个比较。举"地球之友"为例，这是一个具有很强影响力的全球组织，因为它受到一种使命感和承诺感的驱动，正是这种使命感和承诺感让这个组织在全球各个地方茁壮成长。它是一种网络化的组织，如基地组织一样，具有很强的使命感。我们都知道，美国对阿富汗的进攻使基地组织遭受重创，甚至整个组织都遭到打击或削弱，但它仍然非常强大，因为其成员的道德信念得到进一步巩固，通过维系成员的使命感，基地组织的分支仍然保持着正常的运转。我们在世界许多地方都能找到这样的例证。

因此这些组织的地方分部具有相当大的自治权，它们无须得到总部强有力的指导就能发展壮大。另一特征是这些分部或团体分散于许多国家，甚至遍布全球，就像基地组织一样。基地组织在阿富汗受到美国的重创后现状究竟如何，是一个颇有争议的话题。许多研究基地组织的学者认为，尤其是一本名为《基地组织探秘》（*Inside Al Qaeda*）的书——这是我所看到的同类书籍中最好的一本——写道，基地组织在将近60个国家设有分部，有2万余人前赴后继地为基地组织的"事业"奉献了生命。并非所有的人都是自杀式炸弹袭击者，但有相当一部分人肯定准备为基地组织牺牲自己的生命。这些分部也像其组织的总部一样半自主地运作。

最后一个特征是新式恐怖组织与NGO一样都受到国家或政府的支持。没有任何NGO能够完全脱离政府组织而存在，它们都与政府保持着某种联系，或者得到某些国家的支持。卡尔多表示，新式恐怖组织也得到了某些国家如利比亚或者伊拉克的支持，它们对于这些组织的生存至关重要。

第三，旧式恐怖主义与新式恐怖主义采取的手段不同。我先前提到的旧式恐怖主义的目标相对有限，所能引发的暴力程度也相当有限。以车臣为例，它已经变得极端化，新旧在某种实质的意义上已经出现重叠。新式恐怖主义在手段上看起来更加冷酷无情。如果大家对车臣的例子有兴趣的话我会再谈到这个例子，我希望大家对此有兴趣。如果大家登录基地组织的网站，会发现他们使用相当极端和毁灭性的语言来诋毁敌人。当然它的敌人主要是美国，但是在某种程度上基地组织对于整体西方也发出过明确的预言，表示他们将不择手段去杀害尽可能多的人，这点与旧式恐怖主义的暴力风格迥然不同。

我认为，正是这两点特征，组织架构和冷酷无情，把新式恐怖主义与大规模杀伤性联系起来，或者说使恐怖组织具有施行大规模杀伤的可能性。但它们本身并不是一种大规模杀伤性武器，我想就这一点进行更深入的阐述，但可能时间不多了。我们需要充分认识到大规模杀伤性和大规模杀伤性武器之间的联系与区别。原因我可以告诉大家。例如为什么"9·11恐怖袭击"刚好发生在9月11号，当时大概有3000人丧生于双子塔内。但是，如果飞机按照原定计划从另外一个稍微偏斜的角度撞击双子塔，就会造成大楼在瞬间坍塌，这将夺走5万人的生命。我记得当时基地组织对美国的经济力量、军事力量和政治力量造成了致命的当头棒喝。第二架飞机袭击了五角大楼，但是如果它袭击另一个要害部分，将可能造成更大的伤害。鉴于五角大楼的枢纽地位，美国的军事能力至少会在短期内或多或少出现瘫痪的情形，因为这一能力以对通信网络的高度依赖为基础。第三架飞机在靠近白宫前已经被飞机上一些勇敢的乘客所制止，因此它没能袭击或摧毁白宫，它本来怀有这种目的。据保守估计，"9·11事件"是至少能造成6万人丧生的大规模杀伤性事件，也会对美国的政治、经济及军事神经造成致命的打击。由此可见，他们并不需要大规模杀伤性武器就可以造成大规模杀伤，他们只需要足够的冷酷无情和训练有素的组织便可达到这一目的，因为在那次袭击中飞机是唯一使用的手段。

因此，我认为，大规模杀伤性武器和现代大规模恐怖主义的联系比许多人所认为的更为复杂。关于大规模杀伤性武器又怎么样呢？有哪些种类的武器可以使用，新式恐怖分子又有多大可能会用到它们呢？我将阐述这一点，可能会超过时间的限制。我们不仅要理清大规模杀伤性武器与现代大规模恐怖主义之间的复杂联系，还要看到大规模杀伤性武器的概念本身就具有复杂性。从关于武器的文献论述来看，大规模杀伤性武器在概念上本来就比较模糊，但是如果与精密的组织、残酷的手段和现代的武器结合起来，就会发生一些恐怖事件，会受到新式恐怖主义崛起的威胁。

这里做一个简单的总结，因为我的确想对这一论题做深入的探讨。总而言之，我们要辨别通常被视为大规模杀伤性武器的各种不同类别。化学武器也是相当危险的，如何用特定的方式来部署，它们可以令成百上千或者成千上万的人死于非命，但是它们并不具有终极的灭绝能力。如果是针对平民而非在战场上使用，化学武器的摧毁能力是相对有限的。生物武器，例如蓖麻毒素则相当恐怖，具有摧毁的潜力。它们在某种程度上可以制造恐慌，想想四五年前炭疽菌在美国通过信件传播而引起的恐慌，那次事件令 5 人丧生。

　　当然使用化学或生物武器可以令成百上千的人死亡，但它们的危害潜力仅限于此。我非常同意一些人的观点，认为生化武器尽管相当危险，核武器才是当今世界所面临的最严峻的考验。新式恐怖主义与现代武器的契合一旦发生在核武器领域，将会出现最可怕的结合。因为随之而来的将是核扩散，这是我们应该担心的首要问题，因为核扩散将使恐怖分子有机会摧毁整个城市。核武器，尤其是特定类型的核武器，如果落到了不怀好意的人手中，他们将可以杀害数以百万计的人，而不仅仅是数以百计的人。因此，那些针对恐怖主义所发起的种种努力倒不如用在遏制核扩散上，确切地说，是在全世界进行核不扩散的努力，因为核武器扩散是相当危险的，这种危险并非主要来自所谓的"流氓国家"，而是来自苏联，在某种程度上也来自巴基斯坦，巴方科学家在某种程度上参与了把核机密传递给不同的国家的行动。

　　据估算，苏联原来一度拥有 5 万枚核武器，现在大约有 1/4 下落不明。我们知道许多是被偷窃了，其中部分已被追回，我不知道谁偷了这些核武器。苏联瓦解后，俄罗斯著名将军阿贝德（General Abed）在一个国际委员会作证时曾指出超过一半的所谓手提箱炸弹行踪不明，顾名思义，这些炸弹可以随身携带，可以随意搁在城市的中央。

　　另外，要区分"手提箱炸弹"和"脏弹"。"脏弹"是将常规爆炸物包装在辐射性材料内。脏弹制造起来相对容易，当然，脏弹会在一定情况下爆炸，但是不会造成巨大的伤亡，其他核武器则不然。

基地组织在20世纪90年代曾经尝试购买核武器，我们有充分的证据表明它与一系列国家进行过接触以达到此类目的。如果基地组织——或者全球互联网内的其他组织——把一辆装着10公斤爆炸物的小货车开进时代广场并引爆，则可以造成纽约市中心约50万人丧失生命，甚至摧毁更加广泛的地域。因此，正是它的外在伤害能力造就了最为恐怖的可能性，我们需要比现在更为有力地执行核不扩散或减少核扩散的体制。

时间有限，我要总结一系列观察结论，以此概括我的立场。第一，正如我先前提到的那样，消除大规模杀伤性武器本身并不是一个太有用的想法，我们应该慎用这一想法，因为即使不使用此类武器也能带来大规模杀伤的后果，两者之间存在着部分差异。

第二，我不赞同反恐战争，因为新式恐怖主义和非对称暴力已经与常规战争不同。它并不是常规意义的战争，但的确必须对它加以打击，某些时候还需要使用暴力。我想美国摧毁基地组织位于阿富汗的网络非常必要，因为它们正计划对西方国家实施核攻击。但是，这不是一场常规意义的战争，其中最重要的事情不仅仅是打击恐怖，而是限制核暴力和核扩散。

第三，我们需要对我所说的风险和暴力现象学保持警惕，尤其在这个我所描述的媒体化世界里，大规模恐怖可以通过录像、电视等现代技术加以部署。恐怖和威胁现象学是一种非常难以处理的现象，它通过宣布某种威胁而让人们改变自己的行为或者采取相关的行动。然而，如果你宣布某种威胁而实际上威胁并没有发生，或者当你宣布威胁的时候威胁就已经被淡化，在这种情况下，人们将谴责你散布谣言。我想第四频道近来对于全球恐怖所采取的就是这种策略。全球恐怖的影响不像过去那么显著的原因在于，基地组织的整体架构与建立之初相比部分已经遭到了破坏。当然，如果你成功地公布了关于恐怖的信息，人们会说你为什么要一开始就吓唬我们。如果你没有披露相关信息，人们又会责怪你隐瞒真相，公众会认为作为公共领域，你没有提供足够的信息。所有政府都不得不去处理隐瞒真相与披露信息之间的两难关系，我们作为普通公民如何应对这方面的问题同样相当困难。

接下来，我们必须具备先发制人的指导方针（pre-emptive doctrines），但是这些方针不应该只限于恐怖主义。我想布什政府的立场是相当可笑的，他们用先发制人来打击恐怖主义，却不用它来应对气候变暖问题。如果要应对世界各种风险和威胁，我们需要一整套先发制人的方针。

最后，公民自由也是一个复杂的议题。在进行反恐战争以后，公民自由将受到何种影响？我认为现在所发生的一些事情是错误的。首先，关塔那摩虐囚事件是一起丑闻，是一起贬低民主权利的事件。打击恐怖主义的最终目的是要更好地维系民主权利，虐囚事件无疑是一起丑闻。但是，如果你把所有大规模杀伤性武器都一概而论，或者同等对待所有的恐怖主义，那你就真正损害了公民自由。我已经数次提到，我们应该集中应对核选择（nuclear options）和核扩散的问题，但不应当为了打击恐怖主义而损害公民自由。打击恐怖主义某种程度上必须根据地缘政治的特点来组织，而不单单是检查那些进入特定国家的人们。因此，我认为打击恐怖主义不一定就导致对人类自由的否定，我们在应对新式恐怖主义的时候应该捍卫我们社会一直推崇的价值：人权、民主、政治参与、平等。因此，我们必须反对任何以打击恐怖主义为名潜在地削减或者颠覆人权的行径。

讲座三　全球不平等的未来 *

安妮·菲利普斯

我是性别研究所从事社会性别理论研究的教授安妮·菲利普斯（Anne Phillips），欢迎大家前来第三期的院长系列讲座。我主要研究关于女性主义的政治理论，因此特别关注平等和民主问题。作为伦敦政治经济学院（LSE）中相对新的一员，我经常发现，有些学者虽然来 LSE 已经很长一段时间，但是他们的研究并没有与世隔绝，相反，与现实社会有着密切的联系。而 LSE 之所以能吸引学者留下，最主要的原因在于它强调以政治和知识的眼光去关注当今世界的问题。我们所举办的院长系列讲座传承了这一精神，并形成了一种新的传统。这里我还要提醒大家（以免待会儿在讨论中忘记说），这是本学期的最后一次院长讲座。第四次讲座将于 1 月 23 日在旧阶梯教室（Old Theatre）举行而并非在孔雀阶梯教室（Peacock Theatre），所以请大家下学期留意。

为了让大家更有秩序地参与我们的讲座，在吉登斯教授演讲结束后，我会在第一轮的提问时间里提出一些问题和观点，但我

---

* 本讲座于 2001 年 11 月 21 日在伦敦政治经济学院举行，为吉登斯于 2001 年 11 月至 2002 年 1 月主讲的"院长系列讲座"中的第三讲。

会在两点钟之前把时间留给你们来提问。现在让我们把时间交给吉登斯教授，他为我们讲授"全球不平等的未来"。

安东尼·吉登斯

谢谢！我们很高兴安妮能够加入 LSE 的大家庭，她的影响力可不小。任何对性别研究有兴趣的人都应该浏览性别研究所的网页，而且都应该阅读那本由安妮撰写的关于不平等问题的书，那本书充满了她的独特见解。

我补充一下她刚才所说的话，我将还有两个关于这一系列的讲座，第四次讲座将讨论全球化背景下家庭和个人生活的变化。我认为，全球化对个人生活的影响的重要性不亚于它对大的制度或机构的影响。当然，从全球的视角来看，女性地位的变化是一个主要的方面。在最后一次讲座中，我将会探讨民主的未来。民主制度正处于紧张和压力下吗？还是相反，民主制度将真正地在全世界范围内传播？这些都是我下学期的讲座内容。本次讲座我将讨论不平等的问题。这个问题十分重要。但也许有人会问，为什么有关不平等的讨论在社会科学中如此重要？

不平等关系重大，首先因为不平等是一个道德问题。如果一个社会的贫富分化很严重，那么这种分化在道德上被认为是不可接受的。这点在民族国家和全世界范围内都适用。我想当我们谈论什么样的社会制度才能被国家或全世界所普遍接受时，关于不平等的讨论常常具有道德伦理的色彩。但是，这并不是有关不平等的讨论在社会科学和现实世界中都如此重要的主要原因。不平等对我们的影响主要在于不平等不仅是数据统计的问题，也不仅是衡量人们能控制多少资源的问题，而是因为不平等对公民身份造成了直接的影响。我们都有这样一种强烈的感觉：当人们的生活水平低下时，他们就没有机会行使公民身份所赋予他们的各种权利。因此，即使在民主社会，人们在名义上享有完全参与政治的权利，但如果你是穷人，事实上你就不具有参与民主游戏的资格。因为假如你生活在贫困线以下，所有其他的东西包括教育、就业机会等都会如贫困一样低下。

所以不平等问题很重要，因为它涉及对公民权利的侵犯，但在全球层次上同样关系重大。在某程度上说，我们都是更广泛世界共同体中的公民，尽管很多人对正在形成的更大共同体的成员身份的效率感到漠然。

也许有人会说不平等的含义很广。正如安妮在其书中所说的那样，不平等表现在很多方面：收入不平等、财富不平等、性别不平等、文化不平等、种族不平等以及代际间的不平等，等等。因此，不平等所指的东西很多，这一点也非常重要。因为不平等问题在某个维度上的变化将有可能导致这一问题在其他维度上出现甚至相反的变化，不过，我认为这些变化通常都是包含的关系。

在这里，我将主要讨论经济上的不平等，更确切地说是收入上的不平等。我尝试在35分钟内讲完这一主题所包含的三大问题。首先，在过去的30年（甚至更长的时间）里，经济不平等在发达国家及世界工业部门中发生的变化。其次，讨论全球不平等的状况与趋势，以及全球范围内落后国家与发达国家之间的关系。最后探讨我们该怎样办？如何利用现有的政策去控制和减少工业化国家／地区和全球存在的不平等问题。这些工业化国家／地区指的是欧盟、美国、澳大利亚、日本等国。它们与世界上 2/3 的其他国家不同，因为它们痛苦地完成了工业化转型。

那么，这些国家／地区在过去的岁月里究竟发生了什么样的变化？我认为以下四点可以对大家有所启示：

第一，考察 1950—1970 年冷战时期工业化国家／地区的情况，你会清楚地发现，经济不平等状况在这段时期得到了明显的改善。在整个冷战时期，经济不平等问题大大减少了。大部分人相信，这是福利国家扩张以及工业化国家／地区税收制度进步的结果。虽然这种看法仍然存在很多争议，但大多数人相信，这些现象的出现与当时各国致力于减少不平等问题密切相关。然而，在 1970 年后的二三十年里，情况开始发生变化。在大部分工业化国家，经济不平等现象出现了前所未有的增长。我要强调的是，对不平等情况的测量存在着很大的问题。同时，对不同国家不平等状况的对比也存在着很大的问题。注意这点非常重要，尤其当我们在世界范围内讨论不平等问题的时候。当我们比较各国不平等的状况时，相关的数据记录非常重要，尽管数据来源的不准确性使我们的任务变得倍加困难。根据已有的参考数据，在过去 30 年里，不平等状况在大部分国家出现了恶化。但这种情况并不普遍，因为根据传统方法的测量，有些国家在这段时期内变得更加公平。没有人知道其中的原因。例如，根据传统的测量研究，意大利的收入差别似乎在缩小而不是在扩大。没有人知道这些测量是否准确或者这意味着什么，但总体上说，20 世纪 70 年代后的经济不平等问题确实加剧了。然而，并非所有的不平等问题都是如此，这也是着重强调不平等问题存在诸多方面的表现的原因。

例如，在过去几十年里，性别不平等状况得到了很大的改善。值得肯定的是，在主要的工业化国家，对于少数性别团体、同性恋群体和各种曾经遭受排斥的文化群体来说，他们的不平等状况在这段时期里同样得到了改善。但总体而言，在过去的 30 年间，经济不平等问题确实在恶化。

第二，从官方数据衡量，不同的工业化国家的经济不平等状况有着很大的差别。无论是在不平等问题恶化的时期，还是在它得到改善的时间里，这些数据都没有变化。拥有最小收入分配差距的北欧国家是世界上最能体现平等主义的国家。这些国家的福利开支最大，并且拥有最为完善的福利体系，包括英国、德国和法国在内的一些国家处于中度经济不平等水平。美国、以色列、新西兰等国则属于第三类国家，它们的经济不平等状况最为严重。从多方数据衡量，美国自冷战开始就被认为是世界上经济不平等最严重的国家。新西兰曾在一段时期内强调以积极的市场原则为主导，但即使是在左翼政府时期，与其他工业化国家相比，新西兰在过去 30 年里的国内经济不平等状况依然明显恶化。然而，所有这些变化在官方数据中都没有反映出来。

第三，不平等问题的一个非常重要的方面直到最近才引起社会科学家的关注。这不仅对工业化国家重要，而且对任何国家都很重要。直到最近，大部分对于不平等状况的比较都只停留在数据的比较上。人们通常只比较生活在一定收入水平以下的人口的比例，或者比较人们的可支配收入，而没有对个人的职业状况进行跟踪调查。因此在任何时候，人们都无法知道谁是实际的贫困者。当然，很多工业化国家的社会学家或其他专家都会做出这样的假设：如果你是穷人，你就将趋向于持续地贫穷。所以我们也许根本无须对个人的情况进行追踪调查。然而，在过去的 10 年里，第一次出现一系列关于个人实际状况变化的调查。也就是说，人们开始关注个人进入或脱离贫困状况的变化。这些研究所得出的结论足以使很多人感到惊讶。LSE 社会排斥研究所主任约翰·希尔斯（John Hills）就是这一研究的领军学者之一。

研究发现，在从 20 世纪 80 年代中期到 90 年代中期这 10 年里，根据欧盟关于贫困状况的数据统计，德国大约有 30% 的人口进入了贫困阶层，但同时也有近 30%——相当高比例的人口——脱离了贫困。数据表明，人们在贫困群体中流动的频率比过去所认识到的要高得多。我们尚且不知道这些研究结果在多大程度上具有普遍性，但这些研究非常重要。因为在政策制定过程中，最重要的问题不是有多少人处于社会的底层，而是这些底层的人能否获得好的工作并改善生活，实现社会阶层的向上流动。有不少人积贫难返，也有不少人重归贫困的处境，但同时确实有相当多的人能够实现从社会底层向中下收入阶层的向上流动。这种情况是人们在最近几年里才注意到的。

不了解底层人们的具体职业情况，就不能对贫困问题以及最底层人群的不平等问题有更清楚的认识。因此，我们有必要了解在过去 20—25 年里发生在这部分人生活和工作上的变化。

第四，在这一时期，工业化国家的不平等问题产生了结构性变化。这与各种导致不平等的因素、与深化不平等问题的动力以及与经济领域和劳动力市场的巨大转型密切相关。在大部分工业化国家，三年前仍有 40%—50% 的人口属于蓝领工人。换言之，当时存在相当大的工人阶级群体，这些工人阶级的生活大部分相当贫困。现在，在欧盟，只有平均16%的人口在从事制造业生产，很多古老的工人阶级群体，如采矿业、造船业工人几乎完全消失了。因此，西方国家的社会阶层发生了根本性的变化，相对富裕的中产阶级队伍得到了空前的壮大。但是在不同的国家，仍有5%—10%的底层贫困人口，而且这部分人还经常遭受社会的排斥。这也是人们在分析西方国家时普遍引入有关社会排斥问题研究的原因。

社会排斥问题最早由经济合作与发展组织的社会科学家提出，他们注意到了国家的结构性转型。这些问题的出现部分是福利国家的责任。例如，一些欧洲国家的房地产正趋于衰败，它们的设计本来是出于最好的目的，但现在由于大多数穷人和少数群体都集中居住在这些地区，因此它们成了高犯罪率、高失业率和文盲的集散地。正因为如此，一些政策的侧重点出现了结构性转变。大多数政党认为，这种转变体现在国家反贫困政策不应再采用传统的依靠收入转移支付的模式，而应把克服社会排斥作为反贫困政策的目标。

因此，在过去30年里，不平等问题的性质在西方国家发生了根本的变化。你会追问为什么会有这种变化？对于我们在讲座中提到的这些问题，我们该怎样办呢？对于臭名昭著的全球化，我们又该做些什么？

很多人相信，全球化为他们带来了更糟糕的生活，随着全球化的推进，国家失去了部分控制能力，包括维系有助于减少不平等问题的福利体系的能力。这种想法对吗？我想答案非常清楚，那就是"否"。真正的问题不在于"全球化"——不论是广义的全球化还是狭义的全球化，也不在于使工业化国家不平等模式发生变化的全球市场的扩张。问题的根源究竟是什么？值得庆幸的是，目前已有大量与之相关的研究，我将向大家略加枚举。

第一个是技术的变革。技术变革当然与全球化密切相关，因为技术常常是以世界市场的需求作为导向的商业发展的动力。同时，随着知识经济的出现以及传统制造业工人的萎缩（甚至是消失），技术变革带来了根本性变化。这意味着人们（尤其是缺乏技术的男性工人）不再像过去那样拥有良好的就业机会。大多数欧洲国家及其他工业化国家都面临着严峻的年轻人就业问题。这些年轻人当然不是被政治制度剥夺了名义上的公民权利，而是事实上由于缺乏就业机会而被剥夺了公民权利。他们中的大多数生活在社会排斥问题严重的地区，但并非全部如此。这是由于，在后工业化时代，社会对缺乏技术的劳动力，尤其是缺乏技术的男性劳动力的需求特别稀少。

第二个重要的影响因素是家庭的变化。我将在下一期的讲座里详细讨论这一问题。美国一项对过去 30 年收入差距扩大情况的研究发现，这段时期增长的不平等问题至少有 40% 是因为家庭的结构性变化所致。家庭的结构性变化，尤其表现在单亲家庭（通常情况下是单身母亲）比例的提高上，他们必须在没有良好工作的条件下抚养儿童。在那些没有广泛福利体系的国家，如美国，这些家庭通常陷于贫困的境地，并由此带来巨大的儿童贫困问题。在那些具有高福利水平的国家，如丹麦，贫困儿童和贫困单亲家庭的比例通常也最低，因为国家会为单身母亲养育孩子提供补贴。

这些国家尝试最大限度地减少家庭变化所带来的负面影响。但是，在美国等大多数工业化国家（包括英国在内），它们没有采取同样的做法。在英国，儿童贫困问题是我们当前必须面对的最大问题之一，而且是在未来 10—20 年内都必须强调的一个重大问题。

第三个因素是人口结构的重大变化。在西方国家，人口出生率越来越低，人口老龄化问题越来越严重。与此相反，发展中国家的老年人口比例较低，年轻人口的比例则很高。在西方国家，老年人由于失去劳动力而缺乏收入，因此很多国家不仅要解决儿童贫困的问题，而且还面临着老年人贫困的问题。这些问题的出现对国家的不平等状况带来了直接的影响。

面对以上问题，我们该怎样办？令人惊讶的是，无论从各国还是全球范围内来看，发达国家减少不平等和贫困问题的策略竟然与发展中国家极为相似。但是，很多人关注的是更大范围的不平等问题，即全球不平等问题所发生的变化，也有很多人关心工业化国家所发生的变化。但是，毕竟是在工业化国家，即使你相当贫困，从发达国家的最低标准衡量，你还是富裕的。这也正是为什么反全球化运动以及其他的抗议运动都如此强调不平等的原因，因为这是世界社会和下一代所必须面对的最基本问题。因此，关键是要把握实际发生的变化，如果做不到这一点，就根本不可能制定出合适的改善政策。无论怎样界定，发达国家与落后国家的不平等问题都相当不同，发达国家与落后国家就不平等问题的发展趋势仍具有相当大的争议。

很多参加反全球化运动的人都认为世界正变得越来越不平等。发达国家与落后国家，特别是先进的工业化国家与最落后的发展中国家之间的差距在不断扩大。他们认为，这种不平等的加剧是全球化所带来的结果。我必须再次强调，这种说法的准确性仍有待观察。

如今，要对世界不平等状况进行测量绝非易事。一方面是由于数据统计的困难，另一方面是由于社会学家在不平等状况的发展趋势问题上出现分歧。没有人会否认当前存在着极端的不平等，但对于不平等状况是否正趋于恶化，或者是什么原因导致恶化等问题，却存在着相当大的争议。大量的测量数据可以帮助我们了解不平等状况的全球分布，但这些数据所形成的图景却彼此差异迥然。个中原因主要有两方面：首先，对于那些认为这个世界正变得越来越不平等，而且这种不平等是全球化所导致的结果的人来说，他们所依赖的是古老的研究数据，这些数据的测量方法是相当成问题的。过去，人们只是把落后国家与发达国家的 GDP 增长率做线性的比较，忽略了各国的货币汇率和不同国家的生活成本。它们只是一些最简单的比较。如果你只采取这种比较，当然会得出不平等问题在过去 30 年里实质性地扩大了的结论。然而，这并不是一种最佳的测量方法。其次，在比较过程中人们引入购买力水平的概念。购买力水平不是要对不同国家的经济数据做单纯的比较，更重要的是在比较中加入物价水平的因素，即购买粮食等的价格。落后国家的物价水平比发达国家要低很多，所以当引入购买力水平的比较时，可以预见，发达国家与落后国家的差距要比第一种测量所得出的结果小很多。第一种测量结果表明，在过去 30 年里，不平等问题的确急剧扩大了。第二种测量结果则表明，不平等问题只是小幅度扩大。总的来说，大多数研究都发现，在此期间，不平等问题在全球范围内确实是扩大了。

但是，还有第三种测量方法，至少有某些人认为，这种测量方法最能够揭示事实的真相。这种测量把人口规模和人口增长因素考虑在内。许多人（甚至包括许多学者）认为，把中国与博茨瓦纳两个国家放在一起比较将毫无意义。中国拥有超过 10 亿的人口，而博茨瓦纳只有几百万人口。如果把两个国家的平均 GDP 计算出来，然后把它们都看作落后国家，这种比较方法依然没有意义，因为它忽略了对人口规模和人口增长水平的考虑。但是，如果你比较的不是国家而是人口，所得到的结论将完全不同。虽然仍存在一定的争议，大多数学者都认为，如果把世界人口与不平等问题放在一起考虑，得到的将是以下的情形：从 20 世纪初到 60 年代，由于测量的是人口数量而非国家，所以不平等问题在此期间是加剧了；但 20 世纪 60 年代以后，根据有关调查，不平等问题不但没有增长，甚至在过去 30 年里还有所减少。其中最大的原因是，在过去 30 年里，在中国和亚洲其他国家出现了许多非常富裕的人群。你会相信哪一种测量结果呢？全球不平等问题究竟是不是在恶化呢？

如果你没有阅读过有关这方面的文章，我推荐你读一下罗伯特·韦德（Robert Wade）教授的系列论文。韦德教授也是最近才加入 LSE 的，我要再一次对他的到来表示欢迎。今年四月，他在《经济学人》（*The Economist*）杂志上发表了一篇详细研究这些数据和观点的论文。全球不平等问题是在加剧吗？我认为很难做出判断。从全球经济分化的角度来谈论这一话题没有多大的意义。我认为我们应该主要关注地区不平等的问题，因为在过去 30

年里，全球不同地区的不平等状况发生了很大的变化。同时还必须关注工业化国家不平等问题的地区不平衡现象，而不仅仅是富裕国家之间的比较。如果我们以地区差异作为研究导向，将会有什么新发现呢？大部分研究结果在一些实质性问题上趋于一致，但世界不同地区的发展状况差异甚大。研究表明，发达国家的情况正如我上面所说的那样。至于亚洲的情况，包括中国在内的很多东亚国家出现了不平等恶化的现象，但也有一些国家取得了成功，他们成功地缩小了国内差距，也缩小了本国与西方国家的差距。在过去30年里，这些成功的亚洲国家不仅获得了高速的经济增长，而且还具有比工业化国家更稳定的人口增长率。这些国家理论上比西方国家更加平等。最明显的例子是韩国。1960年，根据人均国民生产总值衡量，韩国比加纳还穷，但今天却比葡萄牙还富裕。葡萄牙是欧盟的成员国，同时也是世界上最发达的工业化国家之一。现在，部分东亚国家非常成功地缩小了自己与发达国家的差距，尽管差距仍然存在。当然，亚洲也还存在着一部分非常贫穷的地区，如印度和东南亚的大部分地方。

拉丁美洲的情况又大不一样。大部分研究显示，在过去30年里，墨西哥以及其他拉美国家的情况没有发生很大的变化。在拉丁美洲，尽管存在经济发展取得巨大成就的国家，如智利，但与发达国家相比，拉美国家的情况没有得到多大的改善。研究表明，在拉美国家，尤其是在像巴西、阿根廷、墨西哥这些大国里，经济不平等和区域发展失衡的问题似乎更加严重。顺便提一下，拉丁美洲是新自由主义和市场经济盛行的地方。这样的发展导向来源于华盛顿共识。华盛顿共识的主旨是：发展最重要的是必须以减少贫困和不平等作为目的，实现这一目的的手段是推行不受管制的市场经济。总的来说，这一尝试在拉美国家是失败的。如今，拉美国家正饱尝失败的苦果。

让我们看一下非洲的情况。从过去 30 年的变化来看，非洲被认为是最让人不安的地方。在 20 世纪 60 年代，非洲一些主要的国家被看作希望所在，人们认为这些国家能获得快速的经济增长。然而，这种情况并没有发生。不仅没有一个非洲国家能在那段时间获得快速的经济增长，而且世界上最恶劣的问题都集中在了非洲。除了经济不平等和剥削问题外，非洲一些主要的国家还遭受着艾滋病、地方内战等各种问题的困扰。

世界各国确实应该更多地关注非洲，特别要关注撒哈拉以南的非洲地区。世界各国应努力提供帮助以及适当地对其进行干预才能使情况得到改善。在过去 30 年里，绝大部分非洲国家的 GDP 和国民收入都在下滑。我们大部分时候讨论的是落后国家与发达国家之间的相对差距，但在非洲，无论是在某些贫困地区还是某些主要国家的较发达地区，我们某种程度上都是在讨论绝对的经济衰退和绝对的贫困扩张。

全球化是这些问题的根源吗？我认为，从总体来看，答案仍然是否定的。如果你认同华盛顿共识的话，狭义的全球化可以理解为不断扩张的竞争性市场经济，但从我们主张的广义的全球化来看，全球化并不是催生这些问题的动力，尽管全球化与这些问题存在关联。

非洲的情况到底如何呢？在过去几十年里，与世界各国相比，非洲不但没有取得较大的发展，而且还被拒诸世界发展的浪潮之外。影响非洲的当然是作为殖民地的悠长历史以及独立后出现的各种问题。但同时我们不要忘记，非洲的大部分地区，如亚洲的部分地区一样，都是冷战时期两大势力对峙的地方。我们现在看到的情况是这些地区三四十年前所形成的结果，而不是最近10年来变化的结果。这些地区曾是两大势力交战的地方，饱受战火的摧残。"冷战"通常是用来描述那段时期的专有名词，但对于世界上的一些边缘国家来说，称那段时期为"热战"或许更为准确。今天我们所面对的各种冲突便是"冷战"在那些地区所遗留下来的恶果。

对此，我们应该做些什么？我们应制定怎样的政策去克服发达国家乃至世界范围内的不平等？我认为我们必须注意三个方面的要点，接下来我将快速地掠过这些要点。

首先，必须发挥再分配政策的重要性。再分配意味着资金从较富裕国家和地区向较落后国家和地区的转移。发达国家强大的税收系统可以实现这一功能。在工业化国家，先进的税收系统对于实现收入再分配发挥着重要的作用。但是，在世界范围内我们是否可以采取同样的方法？我认为这只能在有限的范围内实现，但我们应仔细考虑有关托宾税（Tobin tax）*的讨论，这一方案已经被纳入了相关的议程。你可能知道托宾税是以经济学家詹姆斯·托宾（James Tobin）的名字命名的。实际上，早在30年前，

---

* 托宾税是指对现货外汇交易课征全球统一的交易税。这一税种是美国经济学家托宾在1972年的普林斯顿大学演讲中首次提出的，主要是为了缓解国际资金流动尤其是短期投机性资金流动规模急剧膨胀造成的汇率不稳定，具有单一税率和全球性的特征。——译者注

他就提出了对投机的金融交易征税可以增加国家的收入、促进经济发展的观点。法国的反全球化组织 ATTAC 是主张国家开征托宾税的主要组织之一。詹姆斯·托宾提出这一税收的本意是为了使世界经济获得平稳的发展，他自始至终都没有把这一税种看作实现国家再分配的工具。因此，工业化国家应慎重考虑这一方案是否可行。两天前，英国财政大臣戈顿·布朗（Gordon Brown）*在纽约提出，托宾税应该被纳入发达国家的议程。事实上，法国政府也在 4 天前把它纳入了相关的政策。这是否可行？结果还有待观察，因为托宾税的有关方案面临很多的现实问题。

其次，我们知道，要使千百万人口摆脱贫困，成功克服贫困和不平等问题，唯一的途径是发展贫困国家的经济。无论在发达国家还是全世界范围内，再分配政策所能发挥的作用都是相当有限的。经济发展可以为贫困者带来工作机会和最低的工资收入，这是解决贫困和剥削问题的关键。怎样才能使其得以实现呢？我们所知道的是，奉行完全自由的市场原则是不可能达到这一目的的。认为落后国家向世界开放市场就能自动实现繁荣的观点是不正确的。我认为约瑟夫·斯蒂格利茨（Joseph Stiglitz）最近几年关于这一问题的论述最为精彩，他曾是世界银行的首席经济分析师，离开世界银行后，他写了一系列有关世界银行和世界货币基金组织政策失败的文章。他认为，各国政府经常在世界发展问题上袖手旁观。国家对经济的发展具有关键性的作用，但国家不能支配经济的发展。国家应提供有利于市场经济发展的条件，并在

---

* 1997 年 5 月至 2007 年 6 月任英国财政大臣，创下连任财政大臣的记录。2007—2010 年，布朗接替布莱尔继任英国首相。——译者注

适当的时候进行干预。除此之外，国家还应发挥其他组织，特别是公民社会组织的积极作用。可惜的是，我们知道得很多，但做得却很少。此外，我们还知道发展是没有捷径的。斯蒂格利茨指出的很重要的一点是，在过去的二三十年里，我们看到，要在发展中国家建立起促进经济繁荣的市场经济体制是相当困难的，你不能把西方市场经济体制照搬到这些国家去，还必须建立起相关的法律制度，保证国家官员不腐败，以及推进政治体制的改革等，这些都是市场经济有效运转的基本条件。

最后，很多人对把发展中国家排斥在外的世界经济提出正当的抗议。WTO和其他世界组织的相关统计数据可以证明这种情况。世界经济具有两面性：一方面，它鼓励落后国家进行自由贸易；另一方面，民族保护主义在发达国家中仍普遍存在，欧盟的农业保护政策是其中的明显表现之一。美国刚刚通过了有望向更多发展中国家开放其农业市场的方案，但这些改变还远远不够。国际社会目前还不是各国经济与制度的公平的竞技场，如果我们想要使其他措施有效，就势必要使它变得公平。

我就讲到这里，谢谢！安妮很快将向我提一些问题。

安妮·菲利普斯

好的，我抓紧时间。你向我们展示了大量你所观察到的社会和技术变化，这些变化对当代全球不平等问题产生了直接的影响。但同时，在你最后有关措施的总结中也清楚地提到，当今实现全球平等的策略至少部分反映了人们的各种诉求以及各种相关的问题。我对当今情况的理解是，人们对平等的追求越来越强烈，越来越具有说服力，特别在有关地位平等和政治平等方面。这些恰好发生在经济平等问题被忽略的阶段。在这一阶段，人们关注的只是贫困和法律秩序的问题。因此，全球问题的关注点更多集中在法律和秩序问题上，而不是经济不平等的问题。所以，我要问的问题是：如果经济不平等问题在很多情况下不再被当作主要的道德关注点，那么，强调这一问题的前景又会在哪里？

安东尼·吉登斯

我从两个方面简略地回答这一问题。一方面，我认为不平等问题已经重新成为道德的关注点，这是由于各种社会运动推动着不平等问题进入有关政策议程所致，也是过去五年里发生的非常重要的意识形态转变。

另一方面，不平等问题的产生很少单纯是由于经济的原因，真正的原因深深地植根于影响各国制度的历史条件之中。一个国家不可能只依靠经济变化去改善贫困问题，还必须依靠制度转型，特别是推动民主政治制度的有效运行，以及培育公民社会的发展。这些东西在落后国家很难实现，但在一些落后的国家和地区，可以动员地方的积极性。在巴西和部分非洲国家，就存在着动员地方发展的成功例子。因此，你不必被动地接受西方的发展模式，但是你必须把内部因素与外部条件相结合。发展中国家通过自身的动力机制和内部转型，加上发达国家的帮助，才能成功地转变发展模式。

现在我能听一下听众的问题吗？很抱歉所剩的时间已经不多。

问题一

你认同全球化吗？你认为全球化的发展一定使第三世界的国家西方化吗？如果不会，你认为这些国家，包括这些国家的文化，如何才能在全球化过程中避免被西方化？

安东尼·吉登斯

这是一个很好的问题。我想实际的情况比看上去的要复杂得多。因为至少在我眼中，西方化既带来了精华，也带来了糟粕。例如，自由民主的原则能使不同的文化在民主制度中得以协调。尽管你会认为这是西方的产物，我却说这是普遍化的东西。在我看来，发展中国家的民主化和朝着民主的方向去改善自己的制度对它们自己是有利的。但是，如果你把西方化说成是麦当劳化，说成是美国文化的影响，或者西方国家势力的冲击，那我将有很大的保留。在我看来，全球化是一个多面体，即使你看到的其中一面是美国文化，因为从某种程度上说，美国文化蕴藏在全球公司的经济力量中，它们在全球范围内传播着美国文化。同时，全球化也因其复杂性而产生各种地方自主性，它使地方文化恢复活力，而不是朝着某种标准文化发展。因此，全球化尽管带来了很多令人担忧的影响，特别表现在全球公司经济力量的影响上，但我们可以看到全球化所带来的更多正面的影响，例如以前不流行的各种方言正在恢复使用。我要强调的是，不仅发展中国家的地方文化正在蓬勃发展，发达国家的情况同样如此。我认为这些都不是西方化的表现。全球化具有双重影响：一方面是普遍化，另一方面是多样性之间的相互制衡，后一点也很重要。

玛格丽特·托马斯

您好，我是从 LSE 毕业的学生，叫玛格丽特·托马斯（Margaret Thomas）。作为一名卫生经济学的研究人员，我对第三世界的研究已经有 20 年了。在研究过程中，最令我感到痛心的国家是尼日利亚。它是一个拥有丰富资源的国家，有很多受过良好教育的人们。当我在尼日利亚研究公共开支问题的时候，该国的经济正旋涡般地下滑，其中很大的原因是严重的腐败。最后我离开了那个地方，我从来没有如此痛心地离开一个地方。在某种情况下，尼日利亚的例子是全球化进程的必然结果。因此，我们应该如何做才能改善普通尼日利亚人的生活呢？

安东尼·吉登斯

你说得很正确，在这一点上，尼日利亚的故事在非洲其他资源丰富的国家也很普遍，同样的情况也发生在努力转型的俄罗斯身上，它不仅在传统的经济模式下拥有庞大的经济资源，而且还拥有丰富的矿产等物质资源。

对于你所提到的问题，我认为还没有直接解决的方法。但发达国家绝对有义务帮助这些国家改善情况。例如减免债务，这对于非洲国家来说非常重要。同时，改善这些国家的国内环境也十分重要。否则，在你向这些国家减免债务的同时，国内的腐败分子同样有权利把钱转移到瑞士的银行账户。因此，对于你所说的那些拥有丰富人文和自然资源的国家，国际社会必须尽快帮它们实现制度转型。当然，我认为这些国家还需要实现内部转变，但没有人知道该如何去实现。

例如，尼日利亚出现了旋涡式的衰退，我认为在过去30年里，这种情况在非洲国家非常普遍。没有任何一个简单的方法可以改变这种情况，但这个问题并不是完全与全球化有关。全球化实际上能为非洲国家带来更多的帮助，因为它更能动员国际社会的资源。但不能简单地说，让西方组织进入这些国家就能解决这些问题。我们可以做的是帮助这些被贫困与剥削问题所严重折磨的国家进行重建。亚洲就是其中一个例子。经验表明，发展不是单纯的经济因素，也不是单纯依靠西方国家的帮助，文化因素与这些国家的经济发展密切相关。同时我还认为，国际社会和发达国家有义务提高援助，并确保这些资金得到有效的运用。我认为，落后国家的很多问题与全球化无关，也与市场无关，反而与其腐败的国家机构紧密相关。这些国家的改革是相当困难的，除非存在追求民主政治制度等的运动，或者通过军事行动把国家政权接管过来。因此，这个问题没有解决的捷径，西方国家应该继续向非洲国家提供更大的帮助。

讲座四　家庭的未来 [*]

安东尼·吉登斯

各位下午好。希望大家在伦敦政治经济学院（LSE）的新学期将是学有所成的。这场讲座是我主讲的四场系列讲座的其中一场，下周同一时间还有最后一场，关于民主的未来。今天我将谈论全球家庭类型的变革。首先让我们欢迎台上这位看起来非常谦虚的女士，苏茜·奥巴赫（Susie Orbach）。她目前在 LSE 担任访问学者，她可以称得上是我国研究心理疗法、心理分析以及它们与社会事件关系最著名的学者。

今天的主题之一是我在先前的讲座所讨论过的，全球变革不仅仅发生在大型机构里，也发生在与我们紧密相关的周围。还有一些变革与我们的情感和各种私人生活有关。我们必须理清这些转变所隐含的意义，其中某些转变还具有世界历史性的意义。苏茜在为这些转变提出高度独创性的阐释及它们带来的政策性后果方面，一直处于前沿地位。我想她的名气是如雷贯耳了：她的几本著作都对我影响深远，尤其是其中一本早期的作品——《绝食》

　　* 本讲座于 2002 年 1 月 23 日在伦敦政治经济学院举行，为 2001 年 11 月至 2002 年 1 月吉登斯所主讲的"院长系列讲座"中的第四讲。

（*Hunger Strike*）。我以为这本书是在 20 世纪 90 年代写的，但你们有人说是 80 年代写的，这足以证明时间过得多快。该书涉及了影响人的身体、体格认同（bodily identity）、饮食紊乱的各种因素，以及这些因素如何贯穿于我们生活的方方面面。其中我想最有名的作品莫过于《胖：一个女性主义的议题》（*Fat is a Feminist Issue*），这本书在世界各地都畅销得很。苏茜最近又完成了一本新书，书名是《论吃》（*On Eating*）。上述话题看来与家庭这一主题遥不相及，但是，它们千丝万缕的内在联系正是我这场讲座希望展示给大家的。

讲座的形式和以前一样，我大概先讲 35 分钟左右，然后苏茜会问我几个问题，最后留有 10 分钟的观众提问。

讲座开始我先讲一个真实的故事，这个故事是关于我的一位朋友，他是一位世界闻名的社会学家。讲故事的时候我将遵循卡夫卡小说中的传统，省略真实人名，把他称为 H。

H 的生活，至少从表面看来，一直都是典型的普通家庭的生活，直到他 32 岁左右的时候才发生改变。他有两个孩子，在外人看来他完全履行着"正常的"家庭角色。但当他一次去希腊度假时，悲剧发生了：他的太太在车祸中丧命。从那以后，不知何故，他改变了性取向，成为同性恋者。之后他一度沉迷于混乱的同性恋关系，最后他与其中一个"伙伴"的关系稳定下来，这位伙伴简称 G，而且这段关系迄今为止持续了 15 年。

到这里倒不是故事的重点。但它的确能说明一点：人们的性生活、对于自我的意识（their identification of oneself）、我们每天的情感动向以及情感与性别特征的联系都是多变的、流动的，我们应该好好理解这些显著的变化以应对我们个人的生活。说到这还不是故事的中心，要点还在后面。

H 的同性伴侣 G 有个姐姐，她也是同性恋者并且也处于类似的同居关系中。G 的同性恋姐姐决定要有一个孩子，她的伴侣就请求 G 使她怀孕（通过人工手段）让她们圆了孩子梦。接下来她成功受孕了，信不信由你，她生下一对双胞胎，这对双胞胎不仅被这对女同性恋者照顾，而且还得到那对男同性恋者的关爱，毕竟其中一人是孩子的生父。这种情况与我们平常认为的正统家庭有很大的出入。这些孩子是否拥有父亲？当然，他们有，他们有血缘上的生父，但是这位父亲对于孩子们享有什么权利，我们就不得而知了。我们甚至不能弄清 G 在法律上要对孩子们承担什么义务。在这对女同性恋者中，是否其中一人扮演孩子父亲的角色，另外一人则扮演母亲的角色？我想这个问题没有唯一的答案。H，就是我们一开始提到的那位主人公，一直帮忙照料孩子：他与孩子们的关系又怎么界定呢？孩子们在某种意义上有两对关爱他们的父母亲，但这并不是传统家庭意义上的父母关系。

我讲的这个故事，不仅要告诉大家我们的个人关系和家庭生活发生着什么样的戏剧性事件，同时也希望得到大家的一些反馈。在这个自由的体制下，我想大多数人都会把这一故事里的情节称为自由选择，事实上家庭变得更多样化了，人们在性态度和性关系上正寻求更多不同的方式，家庭领域就像其他领域一样出现了百花齐放的局面。我们不应该谴责那些以非主流方式生活的人们，应该开放地接受人们正在试行的任何一种家庭生活，无论这种家庭生活看起来与过去有多么不同。这是其中的一种观点，大多数自由主义者都会用自由的观点来分析这个故事。但也有人从社会学的角度做出分析，我接下来将谈论这一点。

还有一种相反的观点。我想许多人同时也用一种具有批判性的和敌意的眼光来看待这个故事。他们认为，这种事情是对人类关系的自然天性和家庭生活的冒犯，这种关系不应该得到容忍，这种与传统家庭如此不同的家庭根本不能算是家庭。我认为这类思想——似乎，但并不必然与右翼政治立场有关——会说现在的家庭已经岌岌可危，存在着众多打破已经形成而且稳定的家庭生活的因素，它们给更广泛意义的社会问题带来了众多的影响。例如，许多人把所谓的家庭破碎与现在不断上升的犯罪率联系在一起，与迷失感联系在一起，与缺乏足够的父母关怀等联系在一起。因此你会发现，同一种情况却有了两种截然不同的评判，哪种才是正确的呢？

我稍后再讲我认为哪种观点是正确的。要理解现在正在发生的情形，我们首先必须理解今天的家庭因素——亲密关系、情感、性——同样正在经历着我此前讲座所提到的重大变迁。它们与更广泛意义的社会、经济和其他变迁形式直接相关，甚至就是它们的表现形式。如果你理解了家庭、性、亲密关系领域正在发生的变化，你也就对更广泛的社会生活模式正在发生的变化有了大量的了解。它们不仅是一些个人的问题，它们本身与我早先提到的全球维度紧密相关。

家庭正在经历着什么样的变化，发生了哪些重大变迁？这些变迁体现在许多方面，但考虑到时间的关系，我只讨论其中四点。

现在，有四种基本的变化影响着先进的西方工业国家，但它们日益变得具有全球性。在我看来，它们很大程度上是难以避免的，很大程度上也是积极的，但它们的确带来了某些非常深远的影响，就像我刚刚提到的 H 和 G 的关系那样。

首先，今天，在西方国家和越来越多的世界其他地方，家庭已不再主要是一个经济单元，而是变成了一整套关系，这些关系更多建立在交流尤其是情感交流的基础上。这对于我们这些西方人或者大多数西方人来说已是再熟悉不过的事情了。因为在家庭的大部分历史里，这种非标准（norm）的家庭是很难以见到的。家庭首先是一个经济体，家庭内部的生活关系首先是出于经济上的原因和有时候是政治上的——如果从广义政治的意义来说的话——战略原因所形塑的。但从整体而言，情况已不再如此了，并且在世界各地的传统文化和社会中越来越不如此，因为我们刚才谈到的全球化所带来的变化对世界各地的影响或多或少是相同的。描述这一变化的一个好办法就是审视孩子的地位和人们生育孩子的原因的变化。粗略说来，我们可以认为，数百年以来，在世界各地的传统文化家庭里，生育孩子的决定最主要是出于经济上的考虑，尤其是在农业的背景下。也就是说，如果你生育了一个孩子，他就可以给你带来积极的经济利益，因为对于农业家庭或者农业单位来说，生育一个孩子或者数个孩子是经济繁荣的关键。孩子们从童年时代就开始帮忙干活，在五六岁或者七岁的时候，他们就经常做一些具有经济价值的简单农活，生育孩子的决定非常吻合于围绕这些经济考虑所形成的传统关注。

时至今日，情况已大不一样，现在出现的情况甚至正好相反。今天，在西方国家和那些发展了开放型市场经济的国家，养育孩子成为一种巨大的经济负担。在座各位可能不知道你们父母一共为你们花费了多少。在英国，养育一个孩子的成本，包括为他提供良好的教育、健康的饮食、体面的生活，儿童期估计要花掉20万英镑左右，尤其是如果孩子要念大学，而国家又只承担其中一部分费用的情况下。

在欧洲，出生率急剧降低，这是我所见过的有史以来最大幅度的下降。这种现象在其他国家也正变得越来越普遍。在西班牙和意大利等原则上信奉天主教的国家，教会禁止使用避孕措施，但是家庭平均孩子数已经下降到了1.2个。从人口统计学的角度来说，这种人口增长率是难以维系一个国家的。每个家庭平均只有1.2个孩子，这是有史以来最低的数字，这一数字在欧盟国家是1.6，这已经成为不可思议的事情，因为在上一代欧盟国家，家庭平均孩子数是2.6，由此可见发生了多么大的变化。这不仅因为生育孩子是一项重大的经济负担，而且到了今天，生育孩子比过去更成为一种情感决定，我们生活在一个把孩子称作掌上明珠（Prized child）的时代。现在到处都充斥着虐待儿童的新闻，因此重要的是必须认识到我们的时代发生了重大的文化转向，把孩子放在了一个更加重要的位置。在当代文化中，孩子在许多方面都被看作小皇帝，在过去的大部分历史里，在传统文化中，情况很大程度上并非如此。那时候，孩子在情感上远没有像现在那样受到重视。在我们的时代，虐杀儿童是罪大恶极的行径，但在中世纪的欧洲和过去的许多文化里却并非如此。因此，在我看来，现在发生的许多变化对于家庭生活和其他方方面面的影响都非常有趣。

第二个重大的改变是男女关系的变化。在上一代，尤其是传统婚姻里，男女都有固定的角色。如果你是一个女人，你知道未来什么在等着你：可以预料，未来将是一种家庭的生活，抚育孩子是其中最主要的职责。我说过在上一代，人们倾向生更多的孩子。如果你是一个女人，你可以预料你将工作到你结婚，当然你也可以预料婚后继续工作，但你的生活很大程度上会是围着家务活打转。如果你不相信，只需翻翻晚近的社会历史，就会发现这种情况不仅英国如此，而且大多数工业国家也如此。西方国家男人的基本角色就是养家糊口，也就是说，你要出去工作赚一份赖以维系整个家庭的工资。

在整整一代人左右的时间里，一切或多或少都已经发生了改变。家庭角色不再像过去一样清晰固定。两年前，在英国，女性在劳动力队伍中的比例首次超过了男性，这又是一个重大的变化。这意味着，在家庭生活、婚姻、男女双方的其他事情或者性关系方面，你所做的事情有了更大的谈判余地，你的所作所为也有了更大的谈判余地。从责任的角度来看，女性意味着什么，男性意味着什么，现在已不再有清晰的界定，由此而来的认同形式也变得模糊了，认同的本质发生了巨大的改变。苏茜在她的几本著作中都具有独到的见解，当然她的见解与我所说的可能存在很大的差别。我认为，与这些变化相关的首要的一点就是我们的生活不再听命于文化或者命运的安排，无论是男性还是女性，你都不再有一个固定的命运角色。更一般地说，我们人类不再扮演着某些固定的社会角色，我们所有人都不得不积极去找到一种身份认同。或者从技术层面上来说，自我认同对我们来说已经成为一种反思性的方案（project），我们要不停地根据我们看上去像什么样的人、我们想成为什么样的人来决定我们是什么样的人，这些问题的答案比过去更加多样化了。这正是其中最有问题的一面，但也代表了解放的一面。但我认为很大程度上是一种解放。这是一种自由形式，让你发现自己是什么的自由，而不是由更广泛的社会或者角色简单地告诉你：你是谁，你在这个社会有义务去扮演他。

第三个巨大变化涉及女性的地位以及她们与男性的权力关系的变化。在我们的社会，性别关系正变得更加平等。但是这个变化还有很长的路要走。因为我国的一些经济数据显示，男女从事同样的工作，女性获得的报酬平均要比男性低，真正的经济平等还是遥不可及的事情。女性在劳动力队伍中的比重的确大大提高了，但改变的不仅是女性的地位，同样还有男性的地位。

现在西方国家的离婚率不断上升，这依赖于你如何来看待这些数据，因为这的确不是一件简单的事情。在英国，现在登记结婚的人中有一半可能要以离婚收场。在不同的西方国家，离婚比例也不相同，但数字大抵相近。这是一个巨大的变化，与不断发展的妇女解放运动紧密相连，当然后者不是唯一的原因。与以前相比，女性在家庭生活中的地位已经大大提高。但在法律上，直到 20 多年以前，女性都还是男性的附庸，在其他传统国家也都如此。女性在法律上归男性所有，这意味着，如果你嫁出去了，你没有决定离婚的权利，不能自由掌控自己的身体，对性生活也没有发言权。在英国，男女不平等的最后残余就是婚内强奸在法律上是不成立的。法律上，妇女是丈夫的所有物，在婚姻期内，强奸是一种不被承认的现象。只有在 25 年前左右，情况才得到改变，这是男性支配女性的最后法律残余。

这是一种全球性的结构转变。世界各地原教旨主义的思想根源，实际上不仅与许多人感到是一种威胁的家庭的变化有关，而且尤其与妇女在经济、文化和政治上的不断解放有关。许多原教旨主义的一个突出特征——我没有说所有，但许多宗教原教旨主义的确如此——就是对女性存有敌意，并激烈抵制妇女在家庭内外都应当与男性平等的观念。

第四，女性作为男性附庸的地位在性观念上得到了反映。我认为家庭生活变化的大议题集中在与性有关的情感上，这里指的是最广泛意义的性，而不仅仅是简单的性行为，还指我们彼此之间的性别关系以及与其他人见面和相处时的方方面面。再说得明白一点，在大多数传统文化甚至是现代文化中，直到最近（其核心部分仍然存在）都还存在着一种对于女性的双重观念，它强烈地影响了两性关系。这种双重观念与女性的法律地位低于男性紧密相连。这种观念把妇女区分为良家妇女和浪荡女人。前者为性生活方面洁身自好、谨小慎微、严格自律之流，后者则为娼妓、妓女、情妇之属。

我想在西方国家和其他许多国家，男性和女性都把这一点内化于心中，并且对双方的性生活都带来了强烈的情感影响。个中含义众所周知，这让我们想到维多利亚时代的双重标准，许多男人，尤其是下层阶级和上层阶级的男人，可以有相对自由的性生活，他们可以随心所欲地与那些"堕落"的女人发生性关系。但女人却没有这种选择的自由，否则她们自己就会被列入"堕落"的行列。这种差异还有待于我们努力去消除，你会发现，它很大程度上与男女间的性的二重性有关。性征服、男人的连续性行为，我想是詹姆斯·邦德早期有关性的影片中的著名主题，这是一个严肃的主题，非常接近于男人对女人的性暴力。我想在我们的文化中，试图控制女人的性生活，仍然是许多男人重要的心理组成部分。当然，女性也试图控制男性的性生活。这一点与对于性的双重观念有关，尽管我们大部分人认为这种双重性在原则上是错误的，但却依然根深蒂固。

那应当如何来理解这一点呢？我想这种理解应当是合理的，那就是我开头提到的两种观念都不完全正确。毫无疑问，如果你对世界怀有一种自由主义的观念，你会认为人们现在过着的多姿多彩的生活方式是极其重要的，而且这种多样性还必须扩展到两性关系上。包括同性恋者可以自由结合、生儿育女和得到法律许可的婚姻。我想这在大多数西方国家都将出现。

但这并不意味支持一种毫无家庭道德可言、让人们在家庭领域随心所欲的开放的自由观。我想这样是行不通的。因为这只是帮助我们从政治和政策的角度理解家庭生活和性关系领域所发生的变化的一种方式，我把它称作情感民主。情感民主是我所描述的变化的内在结果。苏茜在某种程度上用另一套话语进行过描述，把所谓的"情感能力"（emotional literacy）与更广义的政治议题联系在一起。我最初是偶然听到这一观点的。当我撰写有关性的著作时，我参阅的是戴维·赫尔德的《民主的模型》。我阅读过许多临床医学家有关何谓良好关系（good relationship）的著作，戴维在其书中列举的则是民主的各种特征和要素，令我吃惊的是两者之间竟如此相像。也就是说，临床医学家所描述的良好关系与来自截然不同领域的政治理论所描述的民主特征存在着许多类同之处。让我简单枚举一下吧。

民主和良好关系都是平等的。这首先意味着，一个坚固而民主的家庭必须摒弃传统家庭的核心特征——男女不平等，因为传统家庭大致说来男女从来就是不平等的。因此，平等是我们需要在情感生活和正式政治领域同时努力争取的东西。

民主需要沟通，你必须能够与他人进行交流，并且在政治领域与他们讨论这些议题。这同样也适用于良好关系。

民主意味对领导者的信赖，对其他公民的信赖。这同样也适用于良好关系。在良好关系中，你可以向对方敞开心扉。在当代关系中，你不仅要得到别人的信赖，你还要向他们表明你是值得信赖的。你要展示你自己的方方面面，你的感情，你的想法，这样才能得到他人的信赖。通常，男性不如女性那样善于应用这种亲密关系来促进双方的关系。

在政治民主中，所有的决定都不是通过强制的方式达成的，这当然也是良好关系的最低要求。

总而言之，我要说的是，变化已经给我们的生活带来了诸多问题。例如，有关自我的问题，有关沉迷的问题，有关成瘾的问题。当你有更多的自由去决定自身认同的时候，如果你不能很好地把握，你的生活就很可能被一些成瘾行为所侵袭，正如苏茜所讨论过的饮食紊乱那样。在一个男性依然对女性的外貌评头论足的时代，女性必须学会在自己的心理认同上调适权力关系的变化。在这样一个个人和更加广泛的社会都充满困难、冲突和变化的环境里，女性必须设法做到这一点，否则，你的生活就很可能为某些僵化的行为模式所支配，而不是相反。当我们生活的某些方面不尽如人意时，成瘾行为就可能取代传统而支配着你，然后你就真正不能自拔地与你的过去胶着在一起。

我认为，统一的社会需要有牢固的家庭，但牢固的家庭必须建立在两性平等以及我所描述的其他特征的基础之上。这并非因为它们在诸多情况下是如此自明以至不值得一提。要记住，公共领域的民主并不描述公共领域所发生的一切，而是描述一系列能够以最好的方式参与公共权力的理念。这也同样适用于家庭生活。我们将看到，在家庭重新得到牢固建立的地方，你体面的家庭生活将得到法律和道德框架的维护，你将可以依赖于其他人，而且这种家庭将不再仅仅看似传统的家庭。这种家庭与我前面描述的种种特点相吻合。

最后，大家不必对这些太过认真，我想用伍迪·艾伦（Woody Allen）的名言来结束我的演讲。尽管我谈了有关民主与性的诸多问题，他在这方面比我所能说的有着更多的见解。他有一句名言："没有爱的性是一种虚无的体验，但正是这种虚无的体验的发展能带给我们最好的感受之一！"

苏茜·奥巴赫

谢谢，托尼。我本来打算给托尼以引人入胜的介绍，实际上，他的演讲一直就引人入胜……我非常了解他是一位睿智多才的演讲者，在从社会学角度把亲密关系的政治学引入公共领域方面发挥了举足轻重的作用，里面涉及了由女性主义学者、心理分析学者和普通人所提出来的种种问题，这是至关重要的。尽管他在其他方面同样建树颇多，但是他在这一领域的研究令我深深折服。但是现在，我还是想说说信任的问题。心理治疗和心理分析经常会探讨阻碍信任的因素。人们会说"我想信任某人"，但是他们的潜意识中还没有形成一个让他们觉得足够安全去信任他人的机制，这种信任的阴影其实令信任变得不可能。我所从事的研究项目就是研究人们如何敢去信任，如何敢去冒信任之险。在我们的世界里，信任似乎是一种正常而普遍的现象，信任是人们意愿的表达。但从某种角度而言，信任又是另外一回事。我想我们应该联想到在更加复杂的层面来探讨信任，比如金融市场、人际关系和合同等。因为在这些方面我不知道信任是不是一个恰到好处的词语，我想我们说的开放和参与，实际上都是在谈冒险，而非信任本身。

安东尼·吉登斯

我会说我正在谈论的是信任，因为我们只有在面对不确定性的时候才需要信任。因此，信任本质上与风险和不确定性联系在一起。当你百分之百地信任某人或某种制度时，你就不再需要信任这个词了，因为在这种情况下，不需要支持信任的机制存在。当我们相信某些事情将发生在自己和他人身上的时候，我们才需要信任来对抗这种不确定性。至于你是否称之为信任……我想，信任所涉及的心理因素是相当复杂的。我发现，无论是在人际关系方面还是在大型机构里面，信任的建立都需要一定的时间，无论是人与人之间的信任还是人对制度的信任，均概莫能外。例如，意大利南部的农民不信任银行，情愿把钱换成金条藏在床底下，俄罗斯许多地方的人们也是这样。信任银行不是一件容易的事情，但是我们现在实际上是在信任银行。信任需要得到建立，但许多研究表明，尽管信任的建立需要一个漫长的过程，摧毁信任却是弹指间的事情。因此，一次不忠的举动可能摧毁需要几年时间才能建立起来的信任，这种信任以后甚至永远都不可能得到恢复。在情感生活中，各种有趣的品德缺陷，甚至是某些积极的情感，都建立在信任、风险和不确定性的基础之上。

听众提问

我认为家庭的最大变化之一就是隐私和我们对于隐私的态度的改变，我们和谁交往似乎都被置于公众的眼皮底下，家庭生活更容易受到政府、各种治疗学家甚至媒体的干扰。我的问题是，你是否认为亲密关系的公开化会阻碍真正的亲密关系，因为在我看来，这种亲密关系本质上是非常私人性的。

安东尼·吉登斯

这个问题非常有趣，但我想实际情况比你说的要复杂一些。隐私权的首次出现大概是在18世纪晚期的西方国家。我不知道大家是否听说过一位著名的研究文明的社会学家，诺伯特·埃利亚斯（Norbert Elias）。他认为，在中古时代，家庭是没有走廊的，即使贵族家庭也如此，你可以从一个房间直接进入另一个房间，因此家庭成员的一举一动甚至是性生活也透明得多，隐私这一观念似乎是资本主义社会和现代个人主义兴起后的文化创造的一部分。

但是我的确同意现在出现了一种新的景观，米歇尔·福柯对此已进行过分析。我认为他的分析很到位，因为人们不仅要求增加对隐私的保护，也纷纷反对"出某人的洋相"，即加大对某人的生活的曝光度。在这一方面，国家无疑扮演了某种角色，这种角色是清晰的和制度化的：如果你要获得某些社会福利，你就得向福利部门的工作人员披露你的信息。这无疑暴露了你生活的某些方面。我想这种社会趋势是由许多方面的原因造成的，其中一个很重要的原因就是媒体。因为媒体重新定义了公众与私人之间的关系。例如，越来越多的人上电视节目，谈论让我们大多数人都觉得他们的私人生活显得很特别的东西或者我们认为是隐私的东西，这些方面被展示在公众的面前。我想我们的生活很大程度上是一个混合体：一方面，它充斥着各种由文化所创造的隐私，另一方面又加强了对于隐私的保护。例如，如果你是一个男性，我想你不知道你的男性朋友在性方面的态度如何，你对他们的性生活知之甚少。但女性对自己女性朋友的了解则相反，所以隐私是一件复杂的事情，存在着性别的差异，或者说建立在性别的基础上。因此它并不是像你刚才说的那么简单，但你的确提出了一个非常有趣的问题。

讲座五　民主的未来 [*]

安东尼·吉登斯

谢谢各位来到今天的讲座。很高兴看到大家在这里完成了这一年的学业，如果大家听课获得的乐趣可以达到我讲课所获得的乐趣的一半，我将感到心满意足。今天的讲座继续沿用上几场讲座的形式。首先欢迎今天的讨论嘉宾，威尔·赫顿（Will Hutton）先生，他正谦逊地坐在大家前面。

听众中的大多数可能对赫顿已经非常熟悉了。他的专栏在《观察家》上长盛不衰，他就如何创造更具有责任感的资本主义等议题撰写了许多颇具深度的文章，这些问题逐步演化成了民主这一主题，这正是我们今天的讲座所要讨论的核心主题。几年前，赫顿曾撰写过一本畅销书《我们所处的国家》（*The State We're In*），该著作主要针对的是英国，并由此推演至西方工业国家应该建立什么样的社会等话题。现在他又正在写作另一本书，我想应该快大功告成了，该书认为美国式的资本主义并非完美无缺，欧洲资本主义更胜一筹，这本书的名字是《我们所处的世界》（*The*

　　[*]　本讲座于 2002 年 1 月 30 日在伦敦政治经济学院举行，是 2001 年 11 月到 2002 年 1 月吉登斯所做的"院长系列讲座"中的第五讲。

World We're In）。

上一场讲座中我谈到了性、两性关系、家庭等，我提出了两种可能的政治模式，它们是思考家庭的支配模式，其中之一是"百花齐放"的自由主义模式，在这一模式看来，任何关系都应该被接受和容忍，另一种则持相反的观点，认为家庭已经岌岌可危，我们要回归传统家庭，因为家庭是社会的根基，等等。我认为这两种观点都有失偏颇。我们不能回归传统的家庭，因为传统家庭建立在两性关系的基础上，在这种关系中，孩子的权利得不到保障，这不符合国际法框架，也不符合我所描述的现代家庭生活的伦理。但是，我并不认为上次一开始所讲到的同性恋故事是"百花齐放"的一个例子。我所推崇的是这样一种新的家庭生活伦理，它在自由和责任之间保持着某种平衡。我们不能让什么"花"都随意绽放，因为我们还必须保护儿童的权利，需要创造一种能够真正带来两性平等的家庭生活。这种伦理应该得到法律的保护，这也代表了我在讲座最后所说的"情感民主"的框架。情感民主当然不是我们今天所说的正式政治民主，而是指有效地创造一种以承认平等、参与和交流等伦理为基础的良好的关系和强大的家庭。因此，强大的家庭与传统的家庭之间存在很大的差别，但我们可以围绕着这些伦理重建家庭生活的结构，我是这么认为的。

很明显，情感民主这一主题与我们今天所要谈论的更广泛意义上的"民主化"密切相关。因此，你们要开始认识到民主这个概念，民主是20世纪到21世纪初期的关键词之一。随着工业主义和市场经济的不断扩展，民主的理念也得到不断扩张，这是过去一百多年来的一个显著特征。其中的关系相当复杂，但民主理念的扩张的确成为过去一百多年历史的显著特征。但重要的是还必须认识到，民主的扩张并非历来如此。在18世纪晚期的欧洲或者在世界的其他地区，民主的理念和现实实质上是互相抵触的。也就是说，从18世纪一直到20世纪，统治精英们既反对民主的理念，又反对现实的民主制度。民主在当下是一个流行的概念，世界上几乎任何国家的政府都不得不在名义上承认民主的理念。

世界上几乎没有哪一个国家不标榜"民主"。有一些国家的确没有标榜，但这种国家绝对为数不多。过去的情况可大不一样。民主的理念和现实要通过争取才能得到，在20世纪的早期，民主只存在于少数工业国家，这些国家在自己的国家里推行民主，却不相信民主可以用于他们所殖民的世界上的其他地方。正因为这些殖民地缺乏民主的原则，民主在全球社会只是一种局部的现象，甚至到了20世纪的20年代到50年代，工业国家里的民主仍然只延伸到大约一半的人口身上。也就是说，在大多数主要工业国家，女性直到第二次世界大战结束以后才获得投票权。只有在把妇女完全包括进来的条件下，才算得上是一种完整的民主，即使在西方国家也如此，正如我所说的那样，世界的其他地方很大程度上依然把妇女排斥在外，直到过去30年左右局面才有所改变。

好了，民主是什么？在座的诸位政治科学家都知道民主是一个多重的概念，民主和政治理论不对它存在着林林总总的解释，民主化也包含了诸多方面。为了简约起见，今天的演讲我将采用我所谓的"最小限度的民主定义"（minimal definition of democracy）来分析民主。"民主"是一种政治体系，具有以下三种特征：首先，该政治体系里有多个，而非单一的政党，即政党的多元化；其次，具有开放而自由的选举，人口中具有投票资格的选民都能行使实际的投票权；最后，具有宪法和一套完整的法律来有效地保护完整的公民自由和公民权利。当然，民主的含义远不止于此，但我今天使用的是一种最小限度的民主定义，它使我们可以判定某个政治体系是否民主，但你同时还必须认识到民主还具有很多很多的问题和复杂性。

如果我们现在用这一最小限度的民主定义分析过去三十多年来的全球时代——我在这几场讲座中反复强调过这一时代——可以发现，世界已经发生了翻天覆地的变化。在过去 30 年里，根据最小限度的民主定义，世界的确比过去更加民主了。近期有不少研究都指明了这一现象。例如，刚于 2000 年前公布的一份主要研究表明，截至 20 世纪末，世界 192 个国家中已经有 117 个符合我刚才列举的民主化标准，完成了民主化进程。在这一历史时期，被公认为民主化的国家的比重已经比过去上升了 2 倍。在 2000年，民主国家的数目比 1970 年上升了 3 倍。当然，苏联解体和其他变化使世界上的国家数目不断上升，但即使我们不把这些因素考虑在内，民主国家的数目还是实现了这一增长幅度。在这一时期，根据刚才提出的最小限度的民主标准加以衡量，大概有 90 个国家从 20 世纪 60 年代晚期到 70 年代早期所普遍认为的威权统治（主要是军事统治）转变成了民主政府。我认为这是一种真实而重要的变化，全球民主化进程是我们必须要加以理解的现象，当然，首先必须从不同的量化形式加以理解。我们不清楚这些变化能够持续多久，在这些变化呈逆向发展之前，毕竟要经历民主的循环周期。从拉丁美洲的历史来看，拉丁美洲的几个重要国家就经历过民主的周期，这些民主后来被压垮，又回归到不同形式的威权统治或者军事独裁。

再来看看今天的阿根廷吧，它正面临着严重的经济危机，我们会担心它是否能维系民主转型的过程。当然向民主的过渡并不是一个非黑即白、一蹴而就的过程。大多数国家都有一些根深蒂固的陋习，例如，存在已久的腐败现象长期困扰着阿根廷。我希望阿根廷不会再次陷入威权统治，但没有人能对此做出定论。世界其他已经向民主转型的国家也会面临着同样的不确定性。然而，这里谈论的不仅是一个周期：我是指相当一部分已经明显地完成了向"大致民主"（close to democracy）或完全民主转型的国家将保持现状，因为在这一过程中已经完成的制度变迁是很难被逆转的。例如，拉丁美洲的民主主义者在考虑实现从军事或威权统治向民主统治转变的过程中，会参考西班牙、葡萄牙或者希腊的经验，这三个欧洲国家在 20 世纪 60 年代晚期就已经开始实现了民主化转型。我想这三个国家都完成了向民主的清晰转化，并且建立起了民主制度框架，因此很难再回到原来的威权统治，除非它们受到外部世界突如其来的巨大波动的影响。但这还是一个充满了未知数的话题，我们不知道周期的跨度会有多长，也不能肯定真正的结构性转化会前进到何种地步。在我看来，今天的世界社会已出现了一种真正的结构性转变，其原因我将会简略地谈到。

然而，我们必须认识到许多国家在民主的边缘挣扎，它们打着民主的标签，但却远远没有达到上面提到的民主的最低限度。俄罗斯、印度尼西亚、罗马尼亚、朝鲜都无一例外还处于民主化的进程当中。它们的民主——这里我并没有特指哪个国家——从我们西方世界的角度来看还不能被看作自由民主，没有满足民主的最低要求。相反，一些政治科学家是用"非自由民主国家"来指称它们的。非自由民主是指这些国家正尝试迈向民主，但是困难重重，因为这些国家充满了过去威权统治残留下的种种余孽，如颠覆选举、阻碍公民自由等，这意味着这些国家更多拥有的是民主的空壳，而非真正的民主过程。

如果全球社会发生了结构性转化——因为我认为世界社会的确存在这种转化——那么，发生的原因又是什么呢？对此，我将向大家解释（因为 35 分钟的时间限制，我不能详细解释，而只能简要说明）民主扩展的原因。我在这几场讲座中分析了这些原因，它们与广泛意义上的全球化影响密切相关。我一再强调过，全球化不仅仅体现在全球市场的扩张上，全球市场扩张甚至不是全球化的主要表现，通信革命才是其中最主要的推动力。在今天这个以全球信息社会为主体的世界里，即使是偏远地区的贫苦民众也能进行全球交往。如果你有所怀疑，可以看看阿富汗，在那里的一些地区，70% 的人口——甚至包括阿富汗最穷困的人口——都在收听 BBC（BBC world service）的节目。在信息社会全球化发展的今天，政府很难再把公民置于被动的地位，更不要说用威权的方式来统治他们了。如果政府不能提升灵活度和公民的参与度，这个国家就会在全球政治和经济竞争中处于劣势地位。苏联的威权统治体系曾经在工业社会的演进时期发挥了巨大的作用，但随着全球性知识经济的来临、信息社会的崛起，它马上变得不堪一击。

全球化的扩张与民主的扩张之间存在着密不可分的联系，当然，这绝不是一种简单而粗糙的联系。这种联系相当复杂，而且在世界各个地方，它还受到地方经验、地区冲突以及阴魂不散甚至卷土重来的种种威权统治形式的影响，这些影响与民主政府大唱反调。然而，当我们说全球化与民主存在着密切关联的时候，我们又面临了一种民主制度的悖论。那就是，当民主在世界各地扩张的时候，它似乎在腹心地带正受到破坏，已经建立起完备的民主制度的国家看起来正体验着民主的危机。在过去 20 年里，政治科学家和普通媒体先后对此进行过广泛的讨论。

为什么人们会认为民主出现了危机？原因主要有以下几个。首先，在过去 30 年里，政治参与水平在大多数——虽然不是全部——工业国家都趋于下降。例如，在主要经济合作与发展组织国家的全国选举、地方选举或区域选举中，这一时期的投票率已经下降了大约 70%，这表明这是一个结构性的议题。

我还必须指出，政治参与水平的下降在年轻一代中显得尤为突出。你或许从昨天的报纸中已经发现，英国工党正在应对年轻人的政治参与率下降，尤其是党员参与率下降的问题。鼓励年轻人加入工党不是一件容易的事情。但我很高兴地指出，让年轻人加入保守党简直是一件不可能的事情。我不会挑明保守党的成员所处的主要年龄段，但他们绝对不是处于风华正茂的时期。

其次，一项有关对政府的信任度（尤其是对政治领导人的信任度）的民意调查结果似乎——我用"似乎"一词是因为许多政治科学家对这一结果存在争议——表明，在过去二三十年里，人们对于政治、民主制度、政治领导人的信任度正不断趋于下降。调查还显示，人们极度不信任政治领导人，人们对于政治领导人的信任度仅比对记者的信任度略高一点。被调查者中只有3%的人相信记者，只有7%的人相信政治领导人。

猜猜，如果你去了德国，这个完全不同于英国的地方，哪种人的信任度排行最高？是教授！这在英国完全不一样。但在好几个国家，教授在可信度排行榜中仍然位居前列。因此，对政治领导者的信任似乎出现了整体大幅下滑，但在许多情况下，这些人在我们生活中仍然发挥着巨大的作用。

再次，我们有理由去关注民主逆转的原因。这里，我又要提威尔·赫顿先生了。或者至少因为是媒体的崛起而造成了对民主的破坏——威尔，看起来我在针对你，但我在开玩笑，至少不是针对久负盛名的《观察家》——我指的是电子媒体，尤其是电视对政治所带来的影响。

我想现在的媒体，尤其是电子媒体，所扮演的角色远不只是在报道政治动态，这一点是不可否认的。电子媒体定位了政治应该包含什么内容，如果你是一位政治领导人，那么你每天的首要任务就是回应来自媒体的最新问题。同样，你很可能在议会回答问题之前，先对电视或电台节目所提出的问题进行解答。你不仅要把对媒体的回答放在政治议程的首位，你还要日复一日地这样做，因为媒体对于政治领导者的质疑永远也不会停歇。在我看来，今天，媒体与民主实际上处于一种双重关系中。没有媒体或者没有媒体的繁荣，就不会有民主的扩张。媒体的繁荣，全球通信手段的发展，为民主的扩张创造了条件：没有电视，就没有捷克斯洛伐克的天鹅绒革命；没有电视，南非的消除种族隔离运动也不会和平圆满地结束。

因此，媒体为政治对话、为公民发挥更积极的作用和进行更积极的思考开放了广阔的空间。但是，媒体同时也压缩了它们曾经开拓的领域，因为媒体从不间断地把政治议题琐碎化、商业化和个人化，因为很难让媒体长期深入地讨论某一政治议题。我想如果说我们已经实现了媒体民主，这种说法是合理的，因为媒体已经成为民主机制的核心。但是，我们依然存在充足的理由去担心这样将带来什么样的影响。有人恰好看到了这一现象的积极的一面，这是很有趣的一面，值得我们思考。有人说我们现在在面临的是一种新式的直接民主，而非代议制民主。这就意味政治领导人要一直被公民诘问并对公民负责。正如"媒体"一词本来就含有"媒介"的意思，发挥着中介调解的作用，因此它似乎比传统的代表制显得更为重要。为此，克林顿政府提出了著名的"电子直接民主"这一概念，它来源于克林顿的主要幕僚之一迪克·莫里斯（Dick Morris），他说美国天天都是选举日。如果美国每天都是选举日，这意味着政府每天都要与公民对话。因此，政治领导人可能更不关注选举中投票的重要性，而是更关注如何应对各种你必须持续应对的挑战。所以，政治领导人和公民每天都似乎在关注民意的走向，并在政治生活中形成一种反思性关系。我觉得这个问题非常有趣，如果大家愿意，我们可以在讲座的最后再对它进行讨论。

这是否意味着"民主危机"的出现？我想大家对此首先要有几分保留。民主国家存在着各种"结构性张力"（structural strains），这些张力曾经促成了世界各地的民主，这就是为什么这一问题变得如此棘手和困难的原因。但是，我们必须谨慎，以免对民主的危机或者"政治冷漠"的危机过于泛泛而论。原因可归纳为以下两点：

首先，政治冷漠，尤其是对政治采取"积极的漠不关心"或者积极地忽视国家的能力，在某些情况下可以被看作民主的主要特征。要理解这一点，我们可以看看一些非民主国家里的情况，在那里，人们的生活由国家所支配。东欧国家曾经流传着这样一个笑话，它可能对西欧国家的大多数人来说很难体会，因为故事描绘的场景与他们的实际经历大相径庭，但它可以帮助我们更好地理解民主的定义。在民主社会里，如果有人凌晨 4 点来敲你的门，你会认为是个送牛奶的；但如果在独裁国家，你首先想到的会是特工，而不是送牛奶的。因此，人们所具有的忽视国家的能力、漠视政治的能力是民主社会的关键特征。如果要知道政治参与度在哪些国家最高，非民主国家的数字总是遥遥领先。苏联大多数选举的投票率都高达 99%，但我想从本质而言没有人会把苏联定义为一个具有民主政治体系的国家。这个问题很微妙：我们很难说民主的维系与多大比率的政治不参与相容，但是无疑，民主国家里的人们是可以自由地忽视国家的。威尔比我更加赞同国家，我认为国家经常是公共领域的敌人，国家不总是公共领域的捍卫者，一个国家越是倾向于"不自由"就越表明了这一点。

其次，英国上一次大选的数字也很有趣。在 2001 年的大选中，投票率只有 59%。许多人说：这正好表明了政治危机，说明人们越来越疏远于政治。但是，如果我们对事情进行更深入的审视，将发现更加微妙和更加复杂的问题。我们对在上次选举中参加和没有参加投票的人进行了有趣的研究。对于工党的支持者来说——我们这里可能也有一些，可能就一两个吧——有趣的是，绝大部分没有参加投票的人都说，如果他们参加了投票，肯定会支持工党。他们没有参加投票是因为，在他们看来，投票的结果已经相当清楚地表现出博弈的态势，尤其是他们所在的选区，所以他们就采取了搭便车的行为，不再费神去投票了。

更有趣的是伦敦大学学院宪政研究所（the Constitutional Unit of University College）所进行的一项研究。他们发现，80%没有参加投票的人都非常肯定投票的重要性。换言之，他们不投票并不表示他们不信任民主体系。有些没有投票的人认为自己不投票是一种"积极的不投票"，但大多数人认为，自己不是非得参加那一次选举投票。

可以总结一下这种发现，在工业国家进行过各种各样的研究。它们发现，民众对政治领导人经常非常失望，但却不是对民主本身的失望。在工业化国家，95%的人认为他们会支持民主的原则，也支持发展我先前提到的民主的特征。即使人们对民主的现状有所不满，也不是对民主原则本身的不满。

我们是否有理由担心？是的，我不赞同那些说我们无须担心的言论。我们可以有所作为，可以尝试进行改革。这些改革是什么呢？我简要地概括一下。结束后威尔会对我提问，然后是观众提问的时间。在我看来，我接下来所提出的几种策略对包括英国在内的大多数工业国都非常重要。

一是可以通过还政于民来提升人们对于政治领导者的信任度和民主的参与度。还政于民听起来是一种煽动群众、说说而已的举动，但我指的是权力下放。我在这几场讲座里反复强调，全球化具有双重影响，它既从国家中抽离了一部分权力并把这些权力分散到广泛的全球舞台当中，同时又施加了压力促使地方自治权利的提高。而权力下放和民主机制的分散化则正确有效地回应了这些变化。为什么可以这样说呢？下面的研究提供了例证。刚才提到的那份有趣的调查对世界各地不同的城市和地方进行了对比研究，发现地方选举的投票率可以低至30%，也可以高达80%。它们都是常规性数据，不是偶然的例子。英国的地方选举投票率大约是30%，有时候更低。这一结果表明了什么差异呢？实际上最主要的差异不在于民主这一抽象的机制在不同地区会如何不同，而是具体到每个地区的政府征税权力的不同。政府征税能力越高，民众的政治参与度就越高。原因很明显，投票者大多是理性的人们，他们了解得越多，投票的热情就越大。当然这也会有地方差异。以伦敦为例，我们都知道这里没有真正实现权力下放，无论你如何评价肯·林斯通（Ken Lingston）这个人物，他作为市长所拥有的权力是非常有限的。就我个人观点而言，如果英国政府能够有效地给伦敦政府下放更多的权力（比如征税权），伦敦的一些问题，例如地铁问题和政治参与度不高的问题，就能得到更好的解决。因此权力下放是其中第一个策略。

二是我所说的"民主的民主化进程"，可能大家会觉得这个词有点做作和别扭。我所指的是，即使在民主国家，从最小限度的民主定义出发，民主化的水平依然不够高。包括英国在内的大多数民主国家，长期以来充斥着腐败、男性对政治领域的支配等现象。女性虽然可以参加投票，但却没有按照她们应该享有的比率在议会或者其他各种委员会中获得足够的代表席位。在许多政治体系中，我们可以看到各种久盛不衰的现象，例如老年男性政治人际网络、幕后交易或者用非民主的方式来处理民主事宜等。我想没有任何一个民主国家可以例外。我也认为这些根深蒂固的现象与实际政治参与度密切相关。例如在丹麦，民主化的各项进程非常缓慢，民众的政治参与度并没有得到多大的改善。类似的现象在美国也变得日趋明显，金钱可以购买权力，大财团的集团势力强有力地左右了总统选举和州选举，与此同时，美国大部分地区的政治参与水平也大幅下滑。

三是民主化必须超越民族国家的层面，因为现在许多对我们的影响都来自超民族国家的层面。这也是为什么现在关于欧盟民主化的讨论显得如此重要的原因，因为欧盟至少在尝试推行一种超国家层面的治理形式。现在，我们都知道欧盟是不民主的。到访的德国著名社会学家乌尔利希·贝克指出，欧盟不能与自我相抵触（would not get into itself），因为国家加入欧盟的前提是它必须是民主国家，但种种指标显示欧盟是不民主的。因此，民主化还任重而道远。但是，欧盟尝试所进行的超国家层面的治理迈出了重要的一步。不仅如此，欧盟的崛起和其他区域性组织的发展对于成员国内部的民主发展具有积极的意义。举刚才提到过的三个国家为例，西班牙、葡萄牙和希腊，如果它们不加入欧盟，就难以取得经济上和政治上的进步。我想，欧盟为这三个国家和其他国家做出了巨大的贡献。因此，衡量欧盟的民主化水平不应该从欧盟机构的民主化程度出发，而要看欧盟在促进其成员国民主进程中发挥了什么样的作用，其中很好的一块试金石当然是看未来三到四年内，即将加入欧盟的十个左右的国家的发展如何。我们必须推进国家层次之上的民主。

我所提到的所有这些方面都可以做进一步的阐述，回到我早前提过的，民主的美德之一是它的普通性。弗洛伊德曾说过，心理治疗的首要任务是把病人高度压抑或高度焦虑的心情转为普通人心情不好的状态。因为这种不好的普通心理是心理患者所能达到的最好的治疗效果。如果这样，我们在大多数情况下所能达到的最好的进步就是取得普通的、沉闷的民主了。不要认为这种期望值太低，因为对于那些根本没有民主可言的国家来说，这种普通而沉闷的民主也是弥足珍贵的东西。

威尔·赫顿

我想先提几点看法，然后再向托尼提问。我想政治参与水平下降的问题比托尼所说的要更严重，但还没有造成民主的危机，而是潜在的民主危机。我先就这个问题讲几分钟，然后再请托尼做出回应。

因为在私人领域之外还存在着公共领域，我将结合亚里士多德和康德的观点，即从相关西方古典哲学传统出发来谈论这个问题。欧洲启蒙运动的一个伟大成就就是催生了民主这一理念，人们开始拥护和支持民主，并把它纳入政治过程当中，民主当时被视为一套重要的公共话语的分支之一。因此对于康德来说，民主是公共领域的一种宣扬形式，他认为在启蒙时代的欧洲，人们可以在公共领域自由地交流信息和思想，而无须受到教会或国家的审查。人们可以发表科学的言论，从事实出发而不是从宗教出发，人们可以作为自由的男人或女人进行思考而不受限制，可以充分与他人交流，这就是康德所描述的公共领域。

我认为现在一个重要的差别就是，公共领域的分支现在是国家，国家是实现公共领域的庇护者。如果国家的税收得不到保障，我们就没有免费的公共博物馆；如果没有国家，就没有象征着公共性的大学。因此托尼刚才说对了，我是赞成国家的，我想国家的公共机构是公共领域的最重要分支，而且是公共领域运转的基本前提。但是，如果国家必须有效，并形成我们所希望的结果，那么，国家的过程就必须是民主的，当然这是过去150年来的一大教训。因此，我对托尼的问题是：

政治参与度之所以下降，人们之所以对政治普遍漠不关心，民主的危机之所以越来越凸显，是因为西方民主国家的公共领域正面临着威胁，这些威胁来自国家正逐步被私有化，集团势力日趋强大，被选举出来管理国家的人缺乏信念，他们只能成为别人的傀儡，因此政府运转效率低下，他们应该就此打住。同理，无论是经营铁路、地铁或者是经营一所大学，如果都由私营部门来操纵，公共领域就会被弱化。如果公共领域被削弱，我们作为个人的力量也将受到打击，因为我们的政治想象力和各种愿景都被收缩了。国家的力量也随之被削弱，我们选举出来并代表我们利益的政治领导者会受到打击，我认为民主改革的前提实际上是公共领域理念的复苏，并批判私有化，遏制集团和金融势力的扩张。这就是我想要托尼回答的问题，你是否也持有同样的看法？

安东尼·吉登斯

我不完全同意这种看法，我想这种看法过于简单，与我的观点有出入。我是指可以同意其中的部分观点，在当代社会增加公共领域的力量的确非常重要。威尔刚才提到两种民主模式，我在演讲中只提到一种。民主不仅仅意味着人民有投票权，而且能够公开讨论相关议题，不让集团势力或者其他组织的势力来支配这些议题。这的确是公共领域的主要特征。然而，公共领域必须得到保护，不受集团势力或者国家权力的打压，因为在历史上公共领域经常受到国家的破坏。20 世纪以来，死于国家强权之下的人的数目远远多于丧生于任何集团势力的人的数目。

因此，英国这样的社会需要公有化而非私有化，不应该只是依赖于国家的传统机制，而且要重建具有公有化和私有化组合的公共领域。国家效率低下，官僚习气盛行，我们纳税，希望戈登·布朗（Gordon Brown）和英国财政部把钱花在合适的地方，但结果是钱经常被他们浪费掉了。就像企业集团一样，国家目前也问题重重。因此，在个人看来，如果要重建公共领域，就要把握好公有化和私有化这两者的平衡，我和威尔都同意这是今天民主政治的一个必然目标和要求。

威尔·赫顿

公有化是一个不错的想法，是一个聪明的想法，你非常赞成公有制，我却对它敬而远之。我也要开始拥护这种想法了。以前没有碰到过这个概念，因此今天对我太重要了。我想你对于国家的批评——如果我可以这样说——是因为美国保守主义的病毒在你头脑里作祟，我想这个病毒在过去 5 年里严重污染了你这位公共知识分子的头脑，因为国家怎么看都没有你所描述的那样毫无用处。我们纳税是履行公民的义务，是完成我们作为共同体的一分子的责任。我想我们需要的是提升国家的效率，并充分重视组织的民主化进程。换言之，我们要向启蒙思想家看齐。我们可以建立更小的国家，但绝对不是站在反国家的立场上，因为一旦我们这样做，将无异于破坏民主的进程，如果国家不复存在，我们可以把票投给谁呢？因此我支持采取一种"双管齐下"的措施，即继续公有化进程，这是一个明智的想法，但实际上要保护国家，公有化的目的之一就是保护国家，提高民主国家的效率。

安托尼·吉登斯

很遗憾，今天讲座的时间到了。你知道，我绝对跟美国保守主义沾不上边，很难想象威尔为什么会那样认为。我想，如果你是欧洲社会民主主义者，你要学会以下经验：私有化在某些地区导致许多问题，但在其他地方又非常成功，但是国家，尤其是传统官僚主义国家，并没有很好地完成民主化进程，因此既需要改革国家，也需要市场调控。我认为这是欧洲民主所需要做的。

讲座六 全球时代的民族国家 *

我们生活在一个令人迷惑、变化无常、非理性而且脱离了人类控制的世界，生活在一个越来越难以理解，未来越来越难以预测的 21 世纪。这个世纪与 18 世纪哲学家所预言的情况完全不同。这些哲学家创立了社会科学，认为我们这个社会的生活将变得更容易预测，我们这个世界将变得更容易理解，我们对于自己的生活和历史也会有更深刻的了解。这也是马克思所相信的。他认为，如果我们想要创造历史，那就必须先理解历史。18 世纪晚期，人们看到了科学对于生活的影响，认识到科学可以使生活变得更容易控制，使自然变得更容易理解。凭借技术的进步，世界将变得更容易为人类所操纵。但是，实际情况却并不如此，而且恰恰相反，世界变得越来越超出了我们的控制范围，变得越来越不确定。在 18 世纪的哲学家看来，我们可以预见自己的未来。但是如果你问，未来在哪里？我们的未来是什么样子？我想这个世界实际上

　＊　2007 年 12 月 1—3 日，吉登斯携夫人出席由中山大学主办的"吉登斯与现代社会理论"学术研讨会，并为广东社会科学界人士和中山大学师生做了数场学术演讲。"全球时代的民族国家"为其中之一，反映了吉登斯近年来对全球化和民族国家问题的思考。该文曾发表于《中山大学学报（社会科学版）》2008 年第 1 期。

已经变得更加不确定，甚至连人类本身的命运也变得更加不确定了。21 世纪初期的社会与人们所想象的不同。从科学与自然关系的角度来说，也许在五六十年以前，你所担心的主要是自然对于我们人类的影响，如洪水、飓风、自然灾害、粮食歉收等。但是到最近几年，人类对自然所带来的担忧远远超过了自然对人类所带来的担忧。这是人类历史的一个根本性转变。

　　不管我们创造了一个什么样的世界，毋庸置疑，这个世界是一个全球化的世界。一个地区所面临的不确定性和困难，也是整个国家和世界所要面临的问题。如果这个世界与人类创造者们所预想的有什么不同的话，从某种意义上说，也是因为全球化的特征让它如此与众不同。关于未来，作为当今世界最重要政治形式的民族国家将依赖于对全球政治的分析和我们所处的时代。在这里，我想区分两个概念：全球化和全球时代。全球化是一系列过程，它意味着相互依赖。对它最简单的定义就是：依赖性的增强。这种增强体现在政治、经济和文化等维度上。全球时代所描述的则是一种我们已经创造或是想要创造的制度。全球时代是我们当前生活的社会条件。我们可以被看作人类有史以来全球时代的第一批公民。尽管对于全球化我曾经论述良多，但我的主要目标还是要分析全球时代和民族国家。我本可以从很多方面论述人类的第一个全球时代意味着什么，但我重点要谈的却是全球时代的民族国家。因为这是我们生活中非常关键的一部分。我们必须质问民族国家在这一时代发生了什么样的变化？在这种新的全球时代，民族国家是否发生了很大的转变，被赋予了很多新的特征？

　　重温全球化概念的历史是分析全球时代的良好开端。

"globalization" 这个英文单词是一个非常晚近的词汇，它诞生于 20 世纪 80 年代。在这个年代，当我开始写作有关全球化的文章的时候，即使在学术界也很少有人使用到这个词语，人们常常用"国际关系""国际化""国际劳动分工"等其他词语来表达这个词语所隐含的含义。直到 20 世纪 80 年代晚期，"全球化"词语才开始得到使用。从诞生到现在，从毫不知名到风靡世界，这个词语以惊人的速度传播和使用开来。在所有的时代里，在所有的社会科学词汇中，"全球化"一词可以被看作最成功的一个。它的发展本身就是表明全球化含义的最好例子，它恰如其分地描述了全球化的全球性特征，是全球化过程的有力例证，同时还表明了过去二三十年来全球化过程的剧烈程度。全球化概念变得全球化了，它成为人们生活中的语言，并广泛见诸报端，而不再是一个隐藏在学科里的特殊名词。它描述了事物扩及全球的过程。因此，这是一个非常大的转变。这个词语在每个国家都得到极其普遍的使用，受到极为广泛的关注，很难找到一个不谈论全球化的国家。正如我伦敦政治经济学院的同事戴维·赫尔德所说，全世界对于全球化的大讨论本身是全球化过程的一部分。我在我的早期著作《反思性现代化》一书中也提到，今天所出现的全球化本质上是一个反思性不断增强的过程，遍及全球的现代性争论本身是反思性过程的一部分，它们构成了现代性的内容，是现代性不可分割的部分，表明了现代性的反思性与自我反思性本质。

　　有关全球化的争论大致可以划分为两大阶段。第一个阶段是从 20 世纪 80 年代的晚期到 90 年代的早期，学术界开始怀疑全球化是否真正存在？比如，人们认为，传统中国文明是一种全球性的文明，罗马、美索不达米亚也是全球性的文明，那么 20 世纪的全球化又有什么区别呢？随着时间的推移，很多人怀疑全球化是不是一种真实的情况。20 世纪 90 年代，这种争论变得尤为激烈。但是，随着现在有关全球化研究的学术书籍的增多，对于全球化是否存在的争论已经停止了。所有研究全球化的学者都认识到我们所处时代的文明与以往的文明大不一样。尽管以往的文明对现在有着很深的影响，但是没有哪个时代的文明像今天这样如此广泛地传播开来。古老的中华文明的确非常庞大，但是并没有广泛渗透和传播到世界其他地方，其他古老的文明也都如此。但是，今天的全球化却显得更加集中、更加完整、更加迅速。至此，全球化第一阶段的争论结束了。

　　紧接着，开始了有关全球化争论的第二个阶段。争论变得更加公开和大众化。全球化的理念走进了大街小巷。争论的焦点不是全球化是否存在，而是全球化的利弊。很多人认识到全球化的重要性，认为全球化对于那些正在经受着全球化影响的社会来说是有害的，对于世界其他地方来说也是有害的。这也是 20 世纪 90 年代以来一直到现在反全球化运动之所以存在的原因。现在，反全球化运动浪潮尽管稍有消退，但诋毁全球化的言辞依然相当激烈。许多人批判和怀疑全球化的影响，但我觉得，我们现在应该更多地批判全球化的过程。这种批判非常重要，因为社会科学就在于尝试从政治或道德的角度发现造成人们生活发生变化的东西孰好孰坏。但我也不得不指出，全球化的争论尽管如此广泛，全球化的含义并没有真正得到理解。我认为，作为一名社会学家，我们首先必须弄清楚什么是全球化，弄清楚它帮助我们建构的是一个什么样的时代。随着这个词语变得越来越流行，词语的含义也变得越来越含糊。人们不经检验地、自以为是地使用全球化这个词语。因此，我要解释一下什么是全球化？应该怎样理解全球化？

首先，纵观第二个阶段有关全球化的争论，你会发现那些表扬和反对全球化的人都尝试从经济的角度理解全球化。他们都认为，全球化就意味着经济的依赖性，意味着市场的整合。这种理解当然并非不对。任何一个生活于广东或者到广东观光的人都能明白，广东是全球经济的一部分，所以它变得如此繁荣。如果认为与30年前相比全球化的市场变得更加具有竞争性，认为世界金融体系和银行系统的变化对你的腰包有着即时性的影响，这也不无正确。如果全球经济出现下滑，今天在座的每一个人都将体验到它所带来的影响。从这一意义来说，全球化意味着经济的依赖性，这是有道理的。但是，如果认为全球化主要是经济依赖性的增强，那么就错了。在我看来，在全球时代，造成经济相互依赖程度提高的动力主要不是市场而是通信，特别是过去二三十年里取得了显著进步的卫星技术和电脑技术。如果你想确切知道自己是哪一天开始作为全球新时代的公民而生活的，这个时间就是20世纪60年代末到70年代初，当全球卫星系统成功发射升天的时候，人们第一次实现了与世界各个角落的即时性交流。约在70年代，当第一颗卫星送入轨道的时候，世界自此发生了巨大的变化，这是一种根本性的变化。所以，在我看来，通信才是造成依赖程度提高和全球化的动力。

我在早期的著作中曾提到，七八千年前第一次文明的起源是随着文字记录的出现而出现的。为什么文字记录会如此重要？这是因为它使时空的转变成为可能，使大型社会组织穿越时间和空间。只有当你有了文字记录的时候，你才能记载事情，比如记载一年收了多少粮食、街道修在什么地方，才能发明日历，等等。它们都意味着能力的再创造。因此第一次通信工具创造了第一次文明。第二次文明随着印刷术的发明而出现。在十四五世纪的欧洲，随着文字记载的出现，人类发明了印刷术，现代国家开始出现。民族国家的起源与印刷术的发明是分不开的。因为有了印刷术，大量文字记录被复制和印刷，人们生活的情况和历史被记载和传播。其实，通信交流意味着权力和转变，而不仅仅是把一种事物翻译成另一种媒介或表达方式。可以说，没有印刷术，也就没有现代意义的国家。

第三种发明是 19 世纪晚期电报电信的发明以及随之而来的工业文明。19 世纪中期，美国发明了电报。电报对工业文化的传播非常重要，没有电报，就不可能有当今的现代组织（modern institution）。有了电报，人们不见面也能与他人进行异地联系，这使大型组织机构的成立成为可能。现在，人类生活在第四次重要变革的时代。随着全球通信工具的出现，现代通信工具使全球化变得可能。电脑网络带给我们的既是个人也是全球的同步信息。我们处于全球时代的初级阶段，需要最大程度的交流和沟通。如果要理解通信技术所带来全球化，我可以援用"9·11事件"来做进一步解释。"9·11事件"是对无辜民众的杀戮和伤害，但同时也是一次全球电视事件。据统计，约 700 万人观看了飞机撞击第二幢大楼的现场直播。这是一个新的历史事件，这在 20 年前是不可能发生的事情。作为一名世界公民，我们生活在全球化所带来的后果的时代，但我们还没有完全理解这种后果，但却带来了生活上的一系列变革。

以上是我所要阐述的第一点：全球化不能仅仅是当作经济依赖性的增强，如果真有一个驱动力的话，那么，最重要、最直接的驱动力就是通信技术在世界范围内的发展。

其次，全球化不等于西方化。反全球化运动者认为，全球化不过是西方灌输强势文化的一种方式，全球化就是西方帝国主义试图通过媒体、通信或全球市场等手段控制和占据世界其他地方。为什么西方对世界组织和规则具有主导作用？世界主要组织如联合国、世界银行、国际货币基金组织、世界贸易组织等成为西方利益的表达机构。西方的技术、利益的确处于世界的主导地位，但是，这并不意味着全球化就是西方化。不管全球化在多大程度上反映了西方的利益，全球化并不就是西方的延展。中国和印度就是两个最明显的例子，它们证明了全球化为什么不是西方化。没有谁怀疑中国在未来也将成为一个世界强国。没有谁怀疑我现在所在的广东的繁荣就是参与了全球化过程的结果。在全球化时代，不向世界敞开大门的国家是不可能繁荣的。经济要繁荣，那就得摆脱贫困，而要摆脱贫困，那就得融入全球化。我想当今全球化世界的一个重要结果就是地理权力的重新分配。到世纪末，联合国很有可能不再成为主要权力的拥有者，因为全球化中的权力将紧紧跟随积极融入全球化的组织，其他一些大的社会团体很可能取而代之。因此，我的第二个观点就是，全球化虽然表达了西方的利益，但是世界并非一成不变，特别对于那些融入全球化的非洲国家来说，全球化并不完全是西方化。全球化创造着一种辩证的影响，它并非一种单一的力量。

再次，全球化不是一种单一的力量，不是一种单边的现象。如果要我形象地描述全球化在我们生活中是什么样子，我可以给出一种三维的图像。全球化消解了国家的力量，全球市场的发展以及其他全球现象的发展的确削减了一些国家以前拥有而现在缺失的权力。比如，在欧洲，如果问为什么会出现福利国家的危机？它其实很大程度上就是受全球化的影响，欧盟以前拥有的权力现在没有了。福利国家建立在凯恩斯理论的基础之上——尽管他不是一名社会主义者，但却是欧洲福利国家理论的创立者——欧洲确实出现过繁荣，但仅仅是在 20 世纪 50 年代末到 70 年代中期。这一经济理论建立在国家对经济进行控制的假设之上。国家必须控制需求、控制市场，以提供更多的职位，以达到经济的稳定。国家对于经济的调控是凯恩斯理论和欧洲福利制度的基础。那么，随着全球化时代的到来，会出现一些什么样的情况呢？ 70 年代以来，国家有没有失去其经济权力？市场是不是更具有竞争力了？可以说，没有哪一种模式比以前那种把经济控制在一国范围内的模式更加存在问题。凯恩斯主义在西方失败了，与苏联和东欧的瓦解发生同一个时间。在全球化时代，国家对经济系统进行调控的方法越来越存在问题。因此，毫无疑问，随着全球时代的到来，一些国家的力量的确削弱了，全球化在抽离国家能力的同时，还进一步促进事物本土化的发展。全球化为地方自治和新型地方主义创造了需求，地方身份认同开始变得备受关注，并赋予大城市以前所未有的力量。为什么会出现这种情况？因为在全球化时代，许多影响进入到国家层面之下，要么对地方发生直接的影响，要么对本土或者城市发生直接的影响。正因为如此，中央分权对于全球化时代的治理变得极为重要。治理不再是对地方的集权，而是必须允许地区自治。这种图景还可以使大家明白为什么会出现世界范围的民族主义的复兴。由于全球化，一些地方产生了自治的要求，特别是在那些有民族而没有国家的地区。苏格兰、克什米尔的民族主义势力的勃兴并非偶然。作为全球化表现的地方主义可能造成非常复杂的问题。很多人认为，持续发生在南斯拉夫和巴尔干半岛的战争很大程度上是以前历史仇恨所使然。当然，总有一些地区的矛盾是由于长期的历史原因所造成的，但南斯拉夫的矛盾实际上反映了全球时代所带来的压力和紧张。当这些冲突发生的时候，人们总是习惯于从历史的角度做出解释，结果造成比以前更多的冲突和仇恨——就像非洲的卢旺达所发生的情况那样。在南斯拉夫，很多穆斯林在冲突爆发之前并不知道自己是穆斯林。其实，对于南斯拉夫许多地方的个人生活来说，是穆斯林还是伊斯兰并不重要。但随着冲突的加剧，制造仇恨的人却从历史中寻找原因，认为冲突具有其深刻的历史渊源。可以看出，全球化时代的很多问题实际上并不是传统的问题，与国家的强大也没有关系，很大程度上是因为弱小国家或欠发达国家缺乏有效的治理，因此而催生了比传统国家更多的矛盾和问题。

我们知道，世界上确实存在着许多因为治理不善或者身份认同危机而产生的棘手问题，它们确实也与全球化有关。全球化既消解了国家权力，又凸显了本土的身份意识，同时还会往边缘挤压（squeeze side），创造出新的地区、新的经济领域和文化领域。这样，便构成了一幅全球化的三维空间模型。因为经济贸易或文化传播，使有些地方变得跨越国家的界限。以巴塞罗那为例，它位于西班牙的北部，但同时又不完全属于西班牙，它是加泰罗尼亚自治地区的一个城市，它与法国南部的经济整合程度大于与马德里的经济整合程度。因此，这一地区在某种程度上跨越了法国与西班牙之间的传统边界。这种现象在世界很多地方都存在——尽管这些新的、被创造出来的地域有时候会与旧的身份认同重合在一起。在这里，我们可以看到，全球化并不必然是无处不在的一体化。我们生活在一个全球化的世界，但随着新的矛盾和分化的出现，我们同时也生活在一个碎片化的世界。这不是一种似是而非的现象，而是世界在全球化时代重构自身的产物。怀疑主义、分化和矛盾的出现是由于今天的变化而引起的，它们不是偶然出现的现象，它们是伴随世界变化而出现的。这也是为什么当今会有如此多人关注民族分化问题的原因。全球化重构了民族，带来了民族分化。今天的民族分化比过去任何一个时代都要严重，全球化并非如你所想象那样带来的只是民族的统一。全球化时代是不同民族、不同文化共同体的新的艰难时代。民族分化意味着比以往任何时候都要付出更多，意味着在解决问题的同时也制造着问题。从对世界其他地方所带来的后果来看，一些地方性的矛盾同时蕴涵了全球性的意义，很多弱小国家为民族分化问题所困扰，新的民族分化不知何时才能得到控制。

最后，与其他几点同等重要，全球化并不只是简单的、外在于我们的事物。很多人在谈论全球化的时候，似乎全球化就是迎面向我们扑来的力量。这种形象的描述当然不无正确。但是如果你理解了全球化是一种辩证的、持续的拉—推因素，正如我所说的那样，那么你就会明白全球化并不仅仅是外在于我们的东西。当我使用电器设备、拿起电话或打开电脑的时候，我都不仅仅是在被动地回应全球化，我同时还是全球化的能动者（agent）。因此，全球化对我们的影响与我们对全球化的影响实际上是一种辨证的过程。从某种程度来说，全球化在形构我们行为的同时，我们也通过全球化时代的生活形构了全球化的世界。没有全球通信，我们现在所做的很多事情根本不可能做到。正因为它是我们生活中如此熟悉的东西，我们没有意识到它在形构我们的身份认同时具有多大的分量。我在数年前的一本书中提到①，比起以往的时代，全球化时代的个人认同出现了更大的危机。从某种意义上说，我们的整个生活变得更具有反思性，更关注自己的身份认同。在全球化时代，要弄清自己的身份认同并非一件易事。我们越是卷入全球化的结构中，就越是被迫知道自己的定位，这是一个连续不断的过程，网络技术时代的来临使这个过程变得更加明显。

在集体层面和个人层面上，身份认同已成为特别关注的事情。其实，不仅个人对于自己的身份和对于应过一种什么样的生活感到迷茫，而且对于国家和与我们生活息息相关的大型组织来说情况也都如此。"我是谁"或者"我们是谁"的问题一直是人类非常关注的问题。在全球化时代，它们不是你想问的问题，而是你必须问的问题。因为在这种时代，与往昔相比，传统已具有了完全不同的意义。比如，今天早上我在酒店附近看到一些看上去很传统的工艺品，但那些商品已不再传统，时代赋予它们以不同的内

---

① *Modernity and Self-Identity: Self and Society in the Late Modern Age.* Cambridge: Polity Press, 1991.

含。一旦旅游者对这些东西感兴趣，商家就会提供它们，不管它们是不是传统的。传统观念的改变在某种程度上有悖于原教旨主义对于传统的信仰，他们对这个五光十色的大千世界不会感到满意。我们积极地改变了传统，使生活世界中的不同价值观和不同历史时段都压挤在单一的现在，人类生活在单一的现实时代，我们共同生活于其中的现在对于很多人来说含义是一样的。因为频繁密集的沟通和交流使我们变得与过去和往昔大不相同。即使在中国某个偏远的山村，传统的存在方式也变得与过去大不一样了。有一位女人类学家到蒙古的一个小乡村去从事一项有关"传统"的研究，在她到达的当晚，村民就问她是否要看《本能》这部影片的 DVD。这个遥远的乡村甚至比伦敦某些大电影院还先获得这部电影。因此，今天即使看似传统的东西可能并非如以往那样传统和保守了。在当前这个世界，诸如此类的有趣例子可谓比比皆是。

这就是我们时代——全球化时代——的本质。作为一名社会学家和社会科学工作者，我们需要知道什么是全球化时代的主要制度（institution），应当如何描述他们，以前的制度主要存在哪些问题。接下来的第二部分，我将谈论民族国家的制度性问题。在全球化背景下，民族国家发生了哪些变化？很多年以前，人们完全从工业化的角度理解现代性，但我认为，民族国家与其说是工业化的产物，不如说是现代性的产物。工业化——正如前面提到的印刷术的发明一样——与作为一种组织形式的民族国家息息相关。现在，我们生活在一个工业变得不如信息那般重要的后工业时代，民族国家面临了什么样的问题？刚才我就全球化概念谈了四点，对于全球化时代背景下的民族国家，我也将谈四点看法。

从根本上说，民族国家是以一种主权和领土为基础的组织。主权观念在 18 世纪中期才被提出。民族国家就是对特定领土行使主权的组织。在传统国家，领土就是一切，为什么会如此呢？因为传统国家的领土意味着管理权。在民族国家，领土则意味着公民身份，公民身份决定了管理机构的性质。对民族国家和传统国家——比如传统中国——进行比较，传统中国拥有广袤的领土，但却没有得到有效的管理。传统中国曾经非常分散和离析，曾经烽烟四起、战争不断，很多地区并没有接受帝国中央的管理，它们修筑有自己的防御工事。只有在民族国家时代，地图上才标示了明确的边界，它意味着民族国家对边界范围内的领土拥有主权。为什么领土对国家有着如此神秘的力量？请允许我举一个较有争议的例子。台湾是中国领土的一部分，这点极为重要，因为台湾作为小岛，大陆中国对它拥有主权。为什么大不列颠帝国要不远千里地与大西洋南部的阿根廷开战？因为她要通过战争来保卫马岛，后者是其国家领土的一部分，是大不列颠帝国的一部分。因此，自民族国家兴起以来，一些看似毫不起眼的领土也出现了纷争。民族国家、公民身份和领土都是现代性的产物。那么，民族国家又究竟发生了怎样的变化呢？

第一，全球化时代尽管已经来临，民族国家却并没有消失，而且将来也不可能消失。在我伦敦书房里的书架上，有 4 本名为《民族国家终结》的著作。它们认为，随着全球化时代的来临，民族国家已变得多余，民族国家已成为历史的陈迹。日本著名思想家大前研一认为，未来将不会像今天这样拥有 200 多个国家，而是会有成千上万个城邦国家（city-state），世界的前途将变得黯淡无比。尽管很多人同意他的观点，但却并不符合现实情况。也有人恰好持相反的观点，认为未来的世界将会是民族国家普遍化的时代，因为在这以前，民族国家总是与其他政治组织（比如帝国）同时并存。苏联可能是当今世界最后一个以帝国形式存在的联盟，它的解体第一次使民族国家在人类历史上变得如此普遍。因为自那以后，许多在苏联时期拥有部分自治权的共和国变成了民族国家。你或许注意到了我刚才提到的有民族而没有国家的现象。有民族而没有国家是一种具有决定意义的现象，因为这些民族都想要成为民族国家。这就是为什么民族分离主义运动会变得如此重要的原因，这不仅是因为它们想要从现存的民族国家中分离出来，更重要的是，它们想要建立自己的民族国家。在苏格兰和英格兰，同样存在着分离主义运动，苏格兰想从大不列颠帝国分离出去建立自己独立的国家。很多国家都存在着分裂现象，而且它们与民族分裂还存在着密切的关系。可以说，民族国家的观念第一次为每一个人所接纳，他们都试图拥有自己的民族国家。

　　以上是对民族国家终结观的反对意见。全球化时代的民族国家尽管拥有其普遍的形式，或者有望形成其普遍的形式，但同时也得承认，民族国家的确发生了根本性变化。这种根本性变化反过来带来了主权性质的改变。与全球化相关的三个方面强烈而且急剧地发生着相互影响，它们不断带来了民族国家形式的改变。民族国家尽管没有消失，但主权概念却变得越来越成问题。在全球化时代，与领土相关的主权概念可能失去了在先前世界所具有的力量。在全球化时代，国家的身份认同和主权在某种程度上并不完全相称，这种错位可能对世界或国家产生一定的作用。因此，民族国家改变了自身的形式，主权概念变得问题重重。与经典的社会理论恰好相反，在我看来，必须认识到现在的主权并不一定是清晰界定的主权。18世纪的传统社会理论认为，主权是绝对的，一个享有主权的国家对其领土一定享有绝对的权力。但是，在这样一个网络技术的时代，在这样一个劳动分工巨大发展的世界，在我们的生活不断受到民族国家以外力量影响的时代，这种观点怎么能成立呢？因此在当今世界，民族国家越来越成为世界多层治理系统的一部分，民族国家不再有清晰的地理划分和主权划分。他们存在于某一层级的治理形式中。当今世界的任何一个空间都受到联合国、国际货币基金组织等全球性或者跨国组织的影响，每一个民族国家都必须屈服于不断提升的地方自治压力。因此，主权尽管并没有消失，但国家形式还是发生了改变。在全球化时代，它变得更加开放和没有限制，变得更加富有争议和更加多层。今天，没有哪个国家能够不拥有多层治理的体系，无论这个国家是多么的庞大或者强大。归纳我所讲的这一点，那就是民族国家并不会消失，而是趋于普遍化，它在抛弃以前传统特征的同时，越来越趋于普遍化。

第二，世界上许多民族国家出现了新的分裂形式。有些非常明显的分裂形式是民族分裂，但在工业化国家，还存在着一些分界线，它们与过去的等级划分同样严重。这些分界线是由于现代通信革命所带来的价值多元化、生活方式多样化所造成的结果。有些人喜欢，有些人则不喜欢。工业化国家的很多人认为自己喜欢这个世界，喜欢国际化的文化、流动的自由以及由于主权模糊、身份不清的开放过程所带来的利益。但另一方面，也有一些人感到很难在这样一个全球化世界生活下去，他们总是依恋往昔，希望回到以往的国家，而不是这样一个全球性的多元世界。他们感到现在的生活是对过去的背叛，因此想再回到传统形式的家庭中去。他们反对全球化所带来的各种变化。对于日益高涨的妇女解放运动，许多人希望回到妇女解放运动还没有兴起的年代，希望妇女回到传统的角色中去。

在欧洲，民族国家的分裂直接导致了政治上的分裂。正如美国所出现的情况那样，许多人认为存在着两个美国：一个是红色的美国，另一个则是蓝色的美国。红色的美国是传统受到极大尊重的中西部美国；蓝色的美国则是世界性的、多元化的美国，以一些特大城市作为代表，它更加开放，更加代表美国加利福尼亚东西部海岸的利益。这种二分情形在选举中时有体现，尤其是在布什与戈尔之间的美国大选中，这一次大选在选民当中几乎造成了社会分裂的结果。在欧洲社会，留恋过去的人与期待多元世界的人，经常围绕对移民持否定态度和认为移民可以消解民族文化这一对矛盾而聚集起来。为什么会这样？因为在欧洲，党派之争时有发生。新右派反对移民，它觉得生活在我所描述的世界里非常不舒服。这种分歧很难克服，很难说这种分歧有多么根深蒂固。但在目前，双方所要解决的更多是政治方面的纠纷，而非经济不平等方面的纠纷。在欧洲，左派和右派以前主要在政治和阶级不平等问题上发生分歧，但在今天，对于移民问题、文化差异问题的态度在选举和政治中所扮演的角色比以往的阶级分歧更加重要。所以，这是民族国家内部发生的重大变化，所有与多元文化主义有关的问题都产生于此。多元文化主义意味着生活和文化的多元性。社会学和政治学领域最关键的问题在于，我们能否使多元文化主义和国家身份认同彼此得到调和。左派和右派政党都拒绝调和，它们更愿意寻找国家身份认同、接受民族身份认同，认为它们才是多元文化主义的条件。其实，成功的多元文化社会并不是要否定民族国家的身份，不是要否定法律对于个体的普遍性适用，而是希望把两者结合起来。人们只有分享共同的东西，才能在差异当中彼此共存。因此我要宣扬的多元文化主义是，坚持在公民当中保持一定的共同性，坚持一些重要的双重身份，不要只顾自私自利地发展自己，如果他人的发展是以你的利益作为代价，你应该与他们进行交流和沟通。多元文化主义是文化之间的对话而不是分裂，是国家法律框架内和跨国家法律框架内的文化融合，而不是认为每一种文化都必须有其身份，必须得到绝对的尊重和严格的定位。我想我已经清楚地提出了一种思路，那就是，在我们所创造的全球时代里，必须成功地解决文化多样性的问题，同时满足个人身份认同的需要。

第三，在全球化时代，国家认同变得困难重重。以往——迥异于全球化时代和后现代——形构国家认同的因素现在正处于消失之中，这些因素主要表现在对主权和差异的清晰认识上。如果你与其他人的意见不一致，你可以从他人那里找到自己的身份，你就是那些与你持不同意见的另一种人。在英国，存在着一个著名的有关国家认同问题的研究。英国的国家认同就是由于长期反对法国而塑造出来的。英法两国存在着长达 150 年之久的恩恩怨怨，两国的国家认同都是通过自己的敌人而相互塑造出来的。因此，以前的国家认同很大程度上是建立在领土分割的基础之上。正如我刚才提到的那样，领土分割在后现代的全球化时代已不再具有同等重要的意义。这就是为什么不管你去到哪里，人们都会问"你是谁"的原因。民族存在于多层治理体系的世界之中，作为一个民族，我们是谁？我们代表着什么？这些问题都希望得到解答，这些问题也变得更加开放，而且是必须回答的问题。我们不再能够通过别人、通过与你争夺领土的敌人来判断自己的身份——尽管在某些地区这样的做法依然有效，比如，巴勒斯坦人与以色列人之间的对立，印度人与巴基斯坦人之间的对立。这在很大程度上依然是用传统的方式来界定自己的身份。

我们要像寻找自我认同一样去寻找国家认同，我认为这两个过程是可以彼此交融在一起的。尽管寻找的过程可能十分艰难，但同时也是一种解放。我们都是自由的个体和民族的成员，我们比以前更有自由去决定自己是谁。你确实会感到深深的忧虑和迷茫，但这是一个自由化的过程，我们应该积极而充分地使用这种自由来塑造自己想要成为的自我。因此，不论你去到世界的哪一个地方，你都会发现自己的民族和国家也遇到了同样的问题——"我们是谁？""我们应该怎样界定自己？"在我看来，在新的全球化时代，重新定位"自我"的需要正变得更加急迫。美国政治学家塞缪尔·亨廷顿写过一本关于美国的著作，书名叫《我们是谁？》(Who Are We?)。他认为，这一问题可以从四五个角度加以界定。表面上看，这不是一个什么大不了的问题，但对于美国来说，这种身份认同的界定却相当重要。对于右翼党的布什来说，对美国认同的界定有着非常重大的影响。在布什执政的过去几年里，他曾经这样回答过"我们是谁"的问题。他说："我们是世界上最强大的国家，确切地说，我们必须是世界上拥有最强大军事实力的国家。"他还特别提到了中国，不允许中国拥有强大的军事实力。但是，布什有关美国认同的界定我不敢苟同。我希望美国下一任总统对美国认同的界定会持一种更加自由和更加多元的立场，把美国与多元文化主义联系在一起。因为在全球化时代，我们怎么能生活在一个不知道自己身份、不依赖于世界其他地方、不对世界其他地方负责任的世界中呢？因此，我认为，对于像中国这样一个大国来说，树立一种进步的认同观念至关重要。正如英国和法国一样，进步的民族主义（progressive nationalism）在社会中是一个积极而重要的力量。中国在世界中的定位应该是：作为世界的主要力量之一，在理解自身的独立性、自身的国家认同的时候必须联系其他国家，共同解决彼此面临的问题和困难。我想，对于那些像我一样站在左翼社会民主主义阵营的人来说，应该接受这样的观点：进步民族主义不仅在理论上是一种可行的力量，而且在全球共同体中将变得极为重要。这两者既互相对立，又相互依赖。因此，有效的多边治理形式和多层治理形式的建立取决于积极的改革和国家认同问题的解决。

　　第四，民族国家正经历着根本的转型。这不仅是因为我所提到的原因，确切地说，而且是因为民族国家与地方治理的关系发生了改变。我们越来越意识到自己比以前有着更多的独立性，但不幸的是，我们常常更多是从否定的角度来看待相互依赖的。你可以说中国的气候变化很大程度上是由于走了发达工业国家的老路，但是你不能说中国可以对全球气候变暖问题袖手旁观。对于中国来说，气候变暖问题蕴涵着深刻的内涵。我们之所以要了解庞大的世界历史，因为我们需要比以前有更多的合作、更加多边形式的治理以及比以前更加有效的国际法。尽管我们存在着这些需要，但负责发展多层和多边治理的法律行动者（agent）却越来越被弱化。比如，与 20 年前相比，联合国的合法性和影响力已经大为削弱。作为中国也承担了重要角色的世界贸易组织，它也不再是一个能够达成广泛协议的国际组织。目前，在国际贸易的法律方面，我们当然需要达成各种协定，但多哈谈判仿佛已经失败。因此，我们需要双边贸易协定的同时，还需要一个一体化的国际贸易系统。在这个全球治理的世界当中存在着一些真空地带，这些真空地带的出现当然与美国有关，我想布什对这些真空地带的出现负有一定的责任，因为他还用传统的方式定义美国。2001 年"9·11 事件"后，布什在西点军校的演说中说道：美国将是世界的主导力量。他破坏了与其他国家的许多多边协定，他用另一种话语在世界权力体系中重新定义世界。伊拉克战争可以看作布什哲学的体现，这不是一种偶然的冒险，而是一种对世界造成巨大影响的权力哲学。同样，伊朗核问题的出现也与这种权力哲学不无关联。但是，我们不能、也不应该把一切责任都推到美国身上，美国也挣扎于同样的问题。因此，我认为，进步主义国家认同的建立，能够而且应该与广泛的跨国和多国协议框架联系在一起。

在我看来，欧盟模式尽管存在着潜在的问题，但也有可能成为世界其他地方潜在的治理模式。欧盟尝试保留国家认同，保留国家主权，但同时又尝试建立一个能够应对多水平治理的组织。今天，我们要求欧盟在同一个法律框架下面能够整合 27 个国家——以后可能发展到 50 个，未来很多事情可能都取决于欧盟模式的成败。欧盟在自由贸易区的建立方面取得了巨大的成功，它在最大程度上克服了民族之间的矛盾，而且在保留国家认同的同时依然建立了欧盟的集权。欧盟不是民族国家的终结，它意味着在一个更加广泛、更加全球化的框架内国家认同发生了转变。当今世界的跨国组织或区域性组织，如北美自由贸易区、东盟等贸易组织与欧盟还不一样，我们还不知道它们是否能够制定出一种共同的法律框架，但我希望它们能考虑这样一种试验。在我看来，只有当我们拥有了有效的区域性的跨国组织的条件下，我们才真正开始生活在全球化时代的背景中。认为联合国或者其他全球性组织能够实现这样一种目标是不切实际的，只有在良好组织起来的区域性跨国体系内部进行多边合作和治理，才能有助于建立真正多边治理的世界。

有关这个世界的矛盾和问题，我尽管已经谈了很多，但是我还是很乐观。随着全球化时代的来临，一些组织将会发生变化，它们很可能为这个世界共同的未来提供参考框架。这个存在于丰富多元化世界的框架能否与个人或者国家所追求的稳定和安全相一致，我想这是我们应该积极提倡和推进的方面。

推荐书目

全球化

Albrow, Martin. *The Global Age: State and Society Beyond Modernity*. Cambridge: Polity Press, 1996.

作者认为我们正在进入第一个全球化时代。相比于谈论全球化，我们更应该分析全球化时代的生活方式如何将我们带入一种全新的、相互依赖的形式。

Bell, Daniel. "The World and the United States in 2013". *Daedalus*, 116(3), 1987, 1–31.

这篇文章尝试预测未来世界的结构性变化。文章认为，全球化力量与现代民族国家制度存在着规模的不匹配和脱节。

Castell, Manuel. *The Rise of the Network Society* (*The Information Age,* vol. I). Cambridge, MA: Blackwell, 1996.

本卷是关于"网络社会"兴起的三卷研究中第一卷。"网络社会"是由新型全球经济中信息作用的提升而形成的一种全球性秩序。

Dicken, Peter. *Global Shift: Transforming the World Economy*, 3rd edn. London: Chapman, 1998.

本书提供了对变化中的全球经济活动模式的最新解释。运用来自各行业的证据，作者提出了经济全球化如何影响国家主权的问题。

Gray, John. *False Dawn: The Delusions of Global Capitalism*. London: Granta Books, 1998.

一部有力的作品，作者认为，全球市场的扩张在世界范围内带来了数不尽的社会问题。作者认为，不可能存在一套适用于全球所有国家和地区的资本主义发展模式。

Held, David, Anthony McGrew, David Goldblatt and Jonathan Perraton. *Global Transformations: Politics, Economics and Culture*. Cambridge: Polity Press, 1999.

迄今为止对全球化主题所做的最全面介绍，作者对各种观点进行了分析，并介绍了全球化怀疑者与我在第一章中提到的其他群体的分歧。

Hirst, Paul Q., and Grahame Thompson. *Globalization in Question: The International Economy and the Possibilities of Governance*. Cambridge: Polity Press, 1996.

赫斯特和汤普森对全球化持怀疑的态度，认为全球市场中经济整合程度常常被高估了。

85

Korten, David C. *When Corporations Rule the World*. West Hartford, CN and San Francisco, CA: Kumarian Press and Berrett-Koehler, 1995.

关于全球经济力量的研究，聚焦于大型跨国公司的作用。作者认为应当做出相应的改变以限制这一力量。

McLuhan, Marshall. *The Gutenberg Galaxy: The Making of Typographic Man*. Toronto: University of Toronto Press, 1962.

介绍了被大量引用的"地球村"这一概念以求充分理解新的通信技术对我们生活的影响。

Ohmae, Kenichi. *The End of the Nation State: The Rise of Regional Economies*. London: HarperCollins, 1995.

大前研一持有与赫斯特、汤普森相反的态度，认为全球化的发展已经强劲到使民族国家丧失了对本国事务的控制能力的地步。　86

Soros, George. *The Crisis of Global Capitalism: Open Society Endangered*. New York: BBS/Public Affiars, 1998.

索罗斯是近些年来最成功的金融家之一。他从金融市场中获取了万贯家财，但却认为金融市场需要更有力的监管。否则，将会产生如 1998 年亚洲金融危机一样的灾难。

Strange, Susan. *The Retreat of the State: the Diffusion of Power in the World Economy*. Cambridge: Cambridge University Press, 1996.

　　本书由《赌场资本主义》（*Casino Capitalism*）的作者所著，主张跨国经济和政治组织的出现已带来了国际政治经济中显著的权力转移。

风　险

Adams, John. *Risk*. London: UCL Press, 1994.

　　关于风险的本质以及风险管理的有趣的讨论。亚当斯主张风险分析必须考虑到人们是如何选择性地在自身行为中认知风险的。

87　　Beck, Ulrich. *Risk Society: Towards a New Modernity*. London: Sage, 1992.

　　一本经典的书籍，主张我们正从"工业社会"转向"风险社会"。所谓风险社会以不确定性、个人主义的兴起和主要社会制度的改变作为显著特征。

Beck, Ulrich. *Ecological Politics in an Age of Risk*. Cambridge: Polity Press, 1995.

　　将生态政治学的兴起与现代科技给自然带来的改变联系起来。我们在一个已经没有什么是"自然"的世界中才开始关注"自然"。

Bernstein, Peter L. *Against the Gods: The Remarkable Story of Risk*. New York: John Wiley & Sons, 1996.

　　与概率论的发展历史、金融市场的发展相联系，是关于风险的最棒的讨论。伯恩斯坦表明，越来越复杂的风险评估形式是如何在近几个世纪发展起来的。

Douglas, Mary, and Aaron Wildavsky. *Risk and Culture: An Essay on the Selection of Technical and Environmental Dangers*. Berkeley, CA: University of California Press, 1982.

作者主张风险并不能被客观地定义。什么算是"风险"取决于个人或集体所持有的价值观。

Franklin, Jane (ed.). *The Politics of Risk Society*. Cambridge: Polity Press, 1998.

一本关于当代社会风险的不同方面的论文集。

Knight, Frank Hyneman. *Risk, Uncertainty and Profit*. Boston, MA: Houghton Mifflin, 1921.

在这一经典的文本中，作者将风险的概念运用到经济活动中，并提出了"风险"与"不确定性"的区别。这一区别的概念影响广泛，它认为风险可以被计算而不确定性却不可以。

Raphael, Adam. *Ultimate Risk*. London: Bantam Press, 1994.

一个有趣的有关劳埃德保险公司所面临的各种问题的报告。作者认为劳埃德公司的麻烦来自在风险管理方面的不足。

Royal Society. *Risk: Analysis, Perception, Management*. London:

Royal Society, 1992.

对英国最受人尊敬的科学机构的一份官方风险报告，引发了引人深思的关于"主观"与"客观"风险的讨论。

89

传　统

Ahmed, Akbar S., and Hastings Donnan (eds). *Islam, Globalization, and Postmodernity*. London and New York: Routledge, 1994.

揭示了原教旨主义兴起与大众传媒发展之间的关系。原教旨主义并非国内而是国际层面的现象。

Gellner, Ernest. *Postmodernism, Reason and Religion*. New York: Routledge, 1992.

关于当代宗教复兴及其意义的颇具启发性的讨论。宗教传统并未消亡而是在复兴中。

Gross, David. *The Past in Ruins: Traditions and the Critique of Modernity*. Amherst, MA: University of Massachusetts Press, 1992.

在文化理论背景下对传统的变动特征的解读。

Heelas, Paul, Scott Lash and Paul Morris (eds). *Detraditionalization: Critical Reflections on Authority and Identity*. Oxford: Blackwell, 1996.

90

讨论当代社会传统衰亡的文集。汇集了各种不同的观点，讨论这一衰亡已发展到何种程度及其意义。

Hobsbawm, Eric J., and Terrence O. Ranger. *The Invention of Tradition.* Cambridge: Cambridge University Press, 1983.

一部经典作品，指出我们倾向于设想的各种行为模式均来自那些我们最近才创造出来的"古老传统"。

Huntington, Samuel P. *The Clash of Civilizations and the Remaking of World Order.* New York: Simon & Schuster, 1996.

关于后 1989 时代世界共同体最新分化的一项著名研究。亨廷顿主张新的冲突来源集中于不同宗教文明间的断层线上。

Kepel, Gilles. *The Revenge of God: The Resurgence of Islam, Christianity and Judaism in the Modern World.* Cambridge: Polity Press, 1994.

关于原教旨主义兴起的一项精彩和有趣的研究。本书聚焦于将"原教旨主义"这一概念运用到伊斯兰教过程中的复杂性。

Kramnick, Isaac (ed.). *The Portable Enlightenment Reader.* New York: Penguin, 1995.91

18 世纪启蒙思想大师的作品选集。霍尔巴赫爵士的作品也被包含在内。

Marty, Martin E., and R. Scott Appleby (eds). *Fundamentalism Observed (The Fundamentalism Project*, vol. I). Chicago:

University of Chicago Press, 1991.

关于当代原教旨主义本质的研究的第一卷。

Said, Edward W. *Orientalism*. London: Routledge & Kegan Paul, 1979.

在这部颇具影响的作品中，作者批评了我们对于其他文化和传统的刻板印象。这些印象通常反映了一种不断美化的西方文化的自我印象而不是对其他文化的准确描述。

Shils, Edward A. *Tradition*. London: Faber & Faber, 1981.

一个对不同社会和文化中传统的本质的综述。作者呼吁对传统采取积极观点以保证社会的连贯性和一致性。

Vidal, Denis. "When the gods drink milk: empiricism and belief in contemporary Hinduism". *South Asia Research*, 18, 1998.

一项关于印度 1995 年某张图像中象头神和其他神灵喝牛奶这一重大事件的研究。

家　庭

Burgess, Adrienne. *Fatherhood Reclaimed: The Making of the Modern Father*. London: Vermilion, 1997.

对现代社会父亲特点的改变提供了解释。作者认为应更加关注父亲的权利。

Coontz, Stephanie. *The Way We Never Were: American Families and the Nostalgia Trap*. New York: Basic Books, 1992.

有力地批评了对旧时家庭生活形式的怀旧之情。孔茨指出，从来不存在所谓的家庭的"黄金时代"。

Duby, Georges. *Love and Marriage in the Middle Ages*. Cambridge: Polity Press, 1994.

一项关于中世纪婚姻、爱情、性的经典研究，指出了现今的许多观点是如何从那时沿袭下来的。

Foucault, Michel. *The History of Sexuality*, vol. Ⅰ. Harmondsworth: Penguin, 1981 (first published in 1976).

一项关于西方社会的性的讨论。福柯认为，在维多利亚时代，性并不是简单地受到了抑制。维多利亚时代也帮助发现了性的魅力。

Goode, William J. *World Revolution and Family Patterns*. New York and London: Free Press and Collier-Macmillan. 1963.

一项关于全球范围内家庭的改变的经典研究。作者认为世界不同国家和地区的家庭存在着同一种改变模式。

Jamieson, Lynn. *Intimacy: Personal Relationships in Modern Societies*. Cambridge: Polity Press, 1998.

作者提出了亲密关系在现代社会经历了怎样的变化的问题，并从大量西方国家获取了实证证据。

Laslett, Peter. *The World We Have Lost*. London: Methuen, 1965.

对过去几代人的家庭生活进行了经典的解释，并质问了许多关于家庭的错误观点。

94   McLanahan, Sara S., and Gary D. Sanderfur. *Growing Up with a Single Parent: What Hurts, What Helps*. Cambridge, MA: Harvard University Press, 1994.

有关美国单亲家庭社会与教育影响的最好的研究。

Phillips, Roderick. *Untying the Knot: A Short History of Divorce*. Cambridge: Cambridge University Press, 1991.

对美国和欧洲的离婚发展史的一项可靠的研究。

Phoenix, Ann. *Young Mothers?* Oxford: Polity Press, 1990.

一项关于当代社会青少年母亲问题的讨论。

Weeks, Jeffrey. *Sexuality*. Chichester: Ellis Horwood, 1986.

一本生动且透彻的性研究导论。作者对关于性的本质的各种争议提供了一种不同的平衡论述。

民 主

Barber, Benjamin R. *A Place for Us: How to Make Society*

Civil and Democracy Strong. New York: Hill and Wang, 1998.

　　对民主、公民社会、社团力量之间的关系进行了讨论。作者　　95
认为有效的民主需要政府、市场、与稳固的公民秩序三者共同的
监管。

　　Czempiel, Ernst O., and James N. Rosenau (eds). *Governance Without Government: Order and Change in World Politics*. Cambridge: Cambridge University Press, 1992.

　　讨论了作为对全球化回应的一种新型全球治理形式的出现。

　　Dunn, John. *Democracy: The Unfinished Journey, 508 BC to AD 1993*. Oxford: Oxford University Press, 1992.

　　一套讨论全球不同区域民主发展的文集。正如标题所言，本
书表明，使民主成为一种更加普世且令人满意的治理形式这一目
标还有很长的路要走。

　　Fukuyama, Francis. *The End of History and the Last Man*. London: Hamish Hamilton, 1992.

　　作者认为我们已经走到了历史的尽头，因为已经没有了资本
主义与自由民主的其他替代物。不过，他也提出了这个世界最终
仍会导致新的不满的可能性。

　　Held, David. *Models of Democracy*, 2nd edn. Cambridge: Polity　　96
Press, 1996.

对民主概念进行了可靠且精妙的讨论。作者最后为未来民主的发展提出了一系列建议。

Huntington, Samuel P. *The Third Wave: Democratization in the Late Twentieth Century*. Norman, OK: University of Oklahoma Press, 1991.

讨论了过往的非民主国家中民主制度的出现，并以批判性的视角审视了这一现象发生的过程与原因。

Ostrom, Elinor. *Governing the Commons: the Evolution of Institutions for Collective Action*. Cambridge: Cambridge University Press, 1990.

对超越民族国家层次之上的普遍问题进行治理的适当形式进行了研究。

Paolini, Albert J., Anthony P. Jarvis and Christian Reus-Smit (eds). *Between Sovereignty and Global Governance: The United Nations, the State, and Civil Society*. London: Macmillan Press, 1998.

一系列关于全球治理的发展以及随之而来的对国家主权的影响的讨论。

97　　Rosenau, James N. *Turbulence in World Politics: A Theory of Change and Continuity*. London: Harvester Wheatsheaf, 1990.

作者试图通过评估第二次世界大战以来政治、社会和经济变化来解释世界不断的动荡。他认为，我们生活在一个"分叉的世界"，过去以国家为中心的制度体系正在被新的由非政府组织和团体组成的多中心的世界挑战。

索 引

（本索引中的页码为原书的页码，即本书的边码）

译后记

  《逃逸的世界》由吉登斯为英国广播公司（BBC）所做的莱斯系列讲座所组成。莱斯系列讲座由著名人类学家埃蒙德·利奇于1948年创建。该系列讲座每次共五讲，每年邀请人文社会科学界的顶级思想家主讲，其目的在于促进公众对于当代社会重要问题的理解和兴趣。罗素、汤因比、桑德尔等著名思想家都曾主讲该系列讲座。1999年，吉登斯受邀主讲该系列讲座。站在世纪的终点，他以社会学家特有的眼光，对20世纪的人类历史进行了总结和判断，对新世纪的发展进行了展望。

  20世纪是人类历史上的一个不平凡世纪，发生了诸多堪载入人类史册的重大事件：两次世界大战、民族国家时代的来临、两极对峙及其终结、全球化时代的出现、全球恐怖主义的兴起……面对20世纪的人类大历史，吉登斯分五个讲座进行了反思，并对人类社会的未来进行了展望。这五个讲座的主题分别是：全球化、风险、传统、家庭和民主。全球化代表了他对当今世界发展阶段的总体判断，这一主线贯穿于整个系列讲座。在他看来，20世纪晚期的人类已经生活在迥异于此前的全球化时代。全球化时代的来临既给人类带来了巨大问题，也给人类发展提供了诸多机遇。

全球化时代的基本特征之一是风险。但较之于传统社会，全球化时代的风险不是来源于自然等外部世界，而是来源于人类自身，人造风险已成为当今世界的主要风险源。风险既有可能转变为危险，给人类生活带来不确定性，也可能隐含着回报。传统是一种与现代对立的形态，现代性的扩展导致传统的蜕化，导致原教旨主义等重要负面后果。现代性的发展和传统的隐退还使家庭发生根本转型。作为经济单位和以父权为基础的传统家庭已失去了存在的基础，以平等、对话等作为基础的纯粹关系正成为家庭的基础，纯粹关系建立在"情感民主"的基础之上。全球化的发展还体现在民主的全球化上。20世纪是民主大发展的一个世纪。不仅民主的范围从西方工业化国家扩展到发展中国家，而且民主的范围从公共领域拓展到家庭、情感、性等私人领域。但民主在空间和内涵上的发展并不表明民主已取得决定性胜利。在传统的西方民主国家，对于民主的冷漠正广泛蔓延，而新兴民主国家的民主则如脆弱的花朵。同时，由于全球化发展而带来的多元文化冲突也需要更加深入的民主化。这一切都表明，以世界主义为基础的"民主的民主化"将是未来政治发展的方向。

欧洲启蒙思想家曾设想了一个建立在完全人类理性基础上的社会。在这一社会中，人类不仅能够控制由于自然等所带来的外在不确定性，而且能够通过理性的发挥而建立一个充分安全的社会。但20世纪末的社会现实却表明，人类对自然的干预尽管已达到史无前例的程度，但启蒙思想家所设想的那种乐观历史阶段却没有翩然来到我们的身边。相反，风险社会、恐怖主义、气候变化、金融危机等一系列问题的出现，表明世界正变得逃脱于人类理性的控制。驾驭人类发展的新时代必须摆脱以"解放政治"为特征的启蒙主义思维，发展以"生活政治"为导向的世界主义思维。这是吉登斯在《逃逸的世界》中所表达的核心思想。

从投身于学术至今，吉登斯的学术生涯已逾 50 年。50 多年来，吉登斯曾探索过一系列迥异的主题：对经典思想家著作的反思，对社会学研究方法的重建，对现代性发展的反思，对英国、欧洲乃至世界政治发展的构想等。围绕每一个主题，他都曾出版过大量著作。迄今为止，他已出版学术著作 50 余部，其中专著近30 种。《逃逸的世界》在吉登斯庞大的著作体系中属于体积娇小的那种，英文版仅 100 页左右。但物理的厚度并不表明其思想的厚度。相反，本书在吉登斯的思想体系中具有独特的位置。这种独特性体现在以下两个方面：

一是文本的通俗性与思想的深邃性。全书由五个讲座稿所组成。由于这些讲座所面对的是普通社会大众，因此文本具有很强的可读性。较之于吉登斯的早期著作，如《社会的构成》《社会理论的核心问题》等，即使不具有多少社会学、政治学专业知识，本书在文本阅读上也很少会遇到障碍。但文本的通俗性并不妨碍思想的深邃性。通过这些通俗易懂的文本，吉登斯有关当今人类所处的阶段、面临的重大问题和未来发展的走向等思考也跃然纸上。

二是主题的断裂性与连贯性。吉登斯的思想发展经历过数个阶段。在 2000 年以前，他主要作为一名严肃社会学家的面目出现。在这一阶段，他主要聚焦于社会学经典问题，如结构、行动、现代性、民族国家、自我认同等，出版过诸多晦涩艰深的社会理论著作。从表面上看，这些主题和著作与现实社会之间并不存在多少关联。但从 1999 年出版《第三条道路》至今，其学术关注主题似乎明显现实转向。吉登斯先后关注过英国政治、气候变化、恐怖主义、欧洲福利国家、全球金融危机等，出版了《全球时代的欧洲》《气候变化的政治》《动荡而强大的欧洲》等著作。不仅从著作体系上出现了判若两人的吉登斯，现实生活中的吉登斯似乎也如此。这一幕在 2009 年笔者对他的一次访谈中印象深刻。从总体上看，本书所涉及的五个主题是他转向关注现实后的内容。但这些表面上与其早期著作明显不相关的主题，仔细品读之下，却时时透露出早年的学术积累。总体而言，不论是哪一阶段的学术研究，它们都可以纳入"反思和重建现代性"这一主题之下。具体而言，本书所论述的全球化和民主两个主题与其有关民族国家、现代性的思考直接关联，而其有关风险、家庭、传统三个主题的论述则不仅与现代性主题相关，而且与其有关社会学研究方法的建构联系在一起。在建构结构化理论的过程中，吉登斯对本体安全、信任、认同等主题进行过大量的论述。可以说，这些表面上与其早期学术岁月完全断裂的主题，实际上却存在着千丝万缕的联系。

1998—2004 年，吉登斯担任伦敦政治经济学院（LSE）院长期间，曾经在该校主讲过一系列院长讲座。它们总体上可以划分为两个主题：社会主义之后的政治、世界社会的未来。在吉登斯的授权下，本人曾将这些讲座以《全球时代的民族国家》为题在江苏人民出版社出版。为了加强读者对本书五个主题的理解，笔者将该书中五篇相关主题的讲座作为每一章的附录编入本书。它们分别是："全球化与反全球化""新式恐怖主义""全球不平等的未来""家庭的未来""民主的未来"。暨南大学郭韵老师曾翻译过部分附录章节的早期版本。我在此谨向她表示由衷的感谢。全书由笔者通译和校对，凡有错漏之处，当由本人负责。

自 20 世纪末进入学术殿堂以来，吉登斯始终是我学术生涯中不可分离的部分。他不仅是我博士论文的研究主题，而且占据了我此后相当长的研究时间。在本书之前，我曾出版过数本关于吉登斯的著作，翻译过数本吉登斯撰写的著作。遨游在吉登斯庞大的思想之海，我能深深感受到其思想的广袤与深邃。但从 2007 年以后开始，由于各种机会，"公民身份"进入我的学术视野并逐渐成为此后的研究主题。尽管如此，吉登斯研究始终是我学术研究中难以割舍的部分。我感谢商务印书馆的王亚丽女士。她的学术眼光和推动能力使吉登斯重新回到我的学术生活，让我重温往昔的学术岁月。

本书原名为 *Runaway World: How Globalisation Is Shaping Our Lives*，中文版曾以《失控的世界》书名出版。"失控的世界"尽管也能较好传达原文的意思，但考虑到"失控"主要表达消极的含义，而在吉登斯那里，全球化所带来的，不仅有消极的一面，也有积极的一面，当今世界只不过是没有按照启蒙思想家们所设计好的道路前行。考虑到这一层意思，译者遵照书名字面意思，翻译成《逃逸的世界》。

郭忠华

《吉登斯文集》中文版书目

图书在版编目(CIP)数据

逃逸的世界:全球化如何重塑我们的生活
/(英)安东尼·吉登斯著;郭忠华译.—北京:商务印书馆,2023
(吉登斯文集)
ISBN 978 - 7 - 100 - 22257 - 0

Ⅰ.①逃…　Ⅱ.①安…②郭…　Ⅲ.①全球化-研究
Ⅳ.①C913

中国国家版本馆 CIP 数据核字(2023)第 059823 号

吉登斯文集
逃逸的世界
全球化如何重塑我们的生活
〔英〕安东尼·吉登斯　著
郭忠华　译

商 务 印 书 馆 出 版
(北京王府井大街36号　邮政编码100710)
商 务 印 书 馆 发 行
山 东 临 沂 新 华 印 刷 物 流
集 团 有 限 责 任 公 司 印 刷
ISBN 978 - 7 - 100 - 22257 - 0

2023 年 9 月第 1 版　　　开本 710×1000　1/16
2023 年 9 月第 1 次印刷　　印张 14¾
定价:80.00 元